国家"双一流"建设学科
辽宁大学应用经济学系列丛书
——— 智库系列 ———
总主编◎林木西

新发展格局下东北地区与东部地区对口合作研究

Study on the Cooperation between Northeast
China and East China under the New Development Pattern

李伟民 著

中国财经出版传媒集团
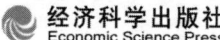
经济科学出版社
Economic Science Press

图书在版编目（CIP）数据

新发展格局下东北地区与东部地区对口合作研究/李伟民著.—北京：经济科学出版社，2022.1
（辽宁大学应用经济学系列丛书．智库系列）
ISBN 978-7-5218-3408-6

Ⅰ.①新… Ⅱ.①李… Ⅲ.①区域经济合作-研究-中国 Ⅳ.①F127

中国版本图书馆 CIP 数据核字（2022）第 020611 号

责任编辑：于　源　侯雅琦
责任校对：刘　昕
责任印制：范　艳

新发展格局下东北地区与东部地区对口合作研究
李伟民　著
经济科学出版社出版、发行　新华书店经销
社址：北京市海淀区阜成路甲 28 号　邮编：100142
总编部电话：010-88191217　发行部电话：010-88191522
网址：www.esp.com.cn
电子邮箱：esp@esp.com.cn
天猫网店：经济科学出版社旗舰店
网址：http://jjkxcbs.tmall.com
北京季蜂印刷有限公司印装
710×1000　16 开　14.25 印张　280000 字
2022 年 1 月第 1 版　2022 年 1 月第 1 次印刷
ISBN 978-7-5218-3408-6　定价：57.00 元
（图书出现印装问题，本社负责调换。电话：010-88191545）
（版权所有　侵权必究　打击盗版　举报热线：010-88191661
QQ：2242791300　营销中心电话：010-88191537
电子邮箱：dbts@esp.com.cn）

总　序

本丛书为国家"双一流"建设学科"辽宁大学应用经济学"系列丛书，也是我主编的第三套系列丛书。前两套系列丛书出版后，总体看效果还可以：第一套是《国民经济学系列丛书》（2005年至今已出版13部），2011年被列入"十二五"国家重点出版物出版规划项目；第二套是《东北老工业基地全面振兴系列丛书》（共10部），在列入"十二五"国家重点出版物出版规划项目的同时，还被确定为2011年"十二五"规划400种精品项目（社科与人文科学155种），围绕这两套系列丛书取得了一系列成果，获得了一些奖项。

主编系列丛书从某种意义上说是"打造概念"。比如说第一套系列丛书也是全国第一套国民经济学系列丛书，主要为辽宁大学国民经济学国家重点学科"树立形象"；第二套则是在辽宁大学连续主持国家社会科学基金"八五"至"十一五"重大（点）项目，围绕东北（辽宁）老工业基地调整改造和全面振兴进行系统研究和滚动研究的基础上持续进行探索的结果，为促进我校区域经济学学科建设、服务地方经济社会发展做出贡献。在这一过程中，既出成果也带队伍、建平台、组团队，使得我校应用经济学学科建设不断跃上新台阶。

主编这套系列丛书旨在使辽宁大学应用经济学学科建设有一个更大的发展。辽宁大学应用经济学学科的历史说长不长、说短不短。早在1958年建校伊始，便设立了经济系、财政系、计统系等9个系，其中经济系由原东北财经学院的工业经济、农业经济、贸易经济三系合成，财税系和计统系即原东北财经学院的财信系、计统系。1959年院系调整，将经济系留在沈阳的辽宁大学，将财政系、计统系迁到大连组建辽宁财经学院（即现东北财经大学前身），将工业经济、农业经济、贸易经济三个专业的学生培养到毕业为止。由此形成了辽宁大学重点发展理论经济学（主要是政治经济学）、辽宁财经学院重点发展应用经济学的大体格局。实际上，后来辽宁大学也发展了应用经济学，东北财经大学也发展了理论经济学，发展得都不错。1978年，辽宁大学恢复招收工业经济本科生，1980年受人民银行总行委托、经教育部批准开始招收国际金融本科生，1984年辽宁大学在全国第一批成立了经济管理学院，增设计划统计、会计、保险、投资经济、国际贸易等本科专业。到20世纪90年代中期，辽宁大学已有西方经济学、世界经济、国民经济计划与管理、国际金融、工业经济5个二级学科博士点，当时在全国同类院校似不多见。1998年，建立国家重点教学基地"辽宁大学国家经济学基础人才培养基地"。2000年，获批建设第二批教育部人文社会科学重点研究基地"辽宁大学比较经济体制研究中心"（2010年经教育部社会科学司批准更名为"转型国家经济政治研究中心"）；同年，在理论经济学一级学科博士点评审中名列全国第一。2003年，在应用经济学一级学科博士点评审中并列全国第一。2010年，新增金融、应用统计、税务、国际商务、保险等全国首批应用经济学类专业学位硕士点；2011年，获全国第一批统计学一级学科博士点，从而实现经济学、统计学一级学科博士点"大满贯"。

在二级学科重点学科建设方面，1984年，外国经济思想史（即后来的西方经济学）和政治经济学被评为省级重点学科；1995年，西方经济学被评为省级重点学科，国民经济管理被确定为省级重点扶持学科；1997年，西方经济学、国际经济学、国民经济管理被评为省级重点学科和重点扶持学科；2002年、2007年国民经济学、世界经济连续两届被评为国家重点学科；2007年，金融学被评为国家重点学科。

在应用经济学一级学科重点学科建设方面，2017年9月被教育部、财政部、国家发展和改革委员会确定为国家"双一流"建设学科，成为东北地区唯一一个经济学科国家"双一流"建设学科。这是我校继

1997年成为"211"工程重点建设高校20年之后学科建设的又一次重大跨越，也是辽宁大学经济学科三代人共同努力的结果。此前，2008年被评为第一批一级学科省级重点学科，2009年被确定为辽宁省"提升高等学校核心竞争力特色学科建设工程"高水平重点学科，2014年被确定为辽宁省一流特色学科第一层次学科，2016年被辽宁省人民政府确定为省一流学科。

在"211"工程建设方面，在"九五"立项的重点学科建设项目是"国民经济学与城市发展"和"世界经济与金融"，"十五"立项的重点学科建设项目是"辽宁城市经济"，"211"工程三期立项的重点学科建设项目是"东北老工业基地全面振兴"和"金融可持续协调发展理论与政策"，基本上是围绕国家重点学科和省级重点学科而展开的。

经过多年的积淀与发展，辽宁大学应用经济学、理论经济学、统计学"三箭齐发"，国民经济学、世界经济、金融学国家重点学科"率先突破"，由"万人计划"领军人才、长江学者特聘教授领衔，中青年学术骨干梯次跟进，形成了一大批高水平的学术成果，培养出一批又一批优秀人才，多次获得国家级教学和科研奖励，在服务东北老工业基地全面振兴等方面做出了积极贡献。

编写这套《辽宁大学应用经济学系列丛书》主要有三个目的：

一是促进应用经济学一流学科全面发展。以往辽宁大学应用经济学主要依托国民经济学和金融学国家重点学科和省级重点学科进行建设，取得了重要进展。这个"特色发展"的总体思路无疑是正确的。进入"十三五"时期，根据"双一流"建设需要，本学科确定了"区域经济学、产业经济学与东北振兴""世界经济、国际贸易学与东北亚合作""国民经济学与地方政府创新""金融学、财政学与区域发展""政治经济学与理论创新"五个学科方向。其目标是到2020年，努力将本学科建设成为立足于东北经济社会发展、为东北振兴和东北亚区域合作做出应有贡献的一流学科。因此，本套丛书旨在为实现这一目标提供更大的平台支持。

二是加快培养中青年骨干教师茁壮成长。目前，本学科已形成包括长江学者特聘教授、国家高层次人才特殊支持计划领军人才、全国先进工作者、"万人计划"教学名师、"万人计划"哲学社会科学领军人才、国务院学位委员会学科评议组成员、全国专业学位研究生教育指导委员会委员、文化名家暨"四个一批"人才、国家"百千万"人才工程入选者、国家级教学名师、全国模范教师、教育部新世纪优秀人才、教育部高等学校教学指导委员会主任委员和委员、国家社会科学基金重大项目首席专家等在内的学科团队。本丛书设学术、青年学者、教材、智库四个子系列，重点出版中青年教师的学术著作，带动他们尽快脱颖而出，力争早日担纲学科建设。

三是在新时代东北全面振兴、全方位振兴中做出更大贡献。面对新形势、新任务、新考验，我们力争提供更多具有原创性的科研成果、具有较大影响的教学改革成果、具有更高决策咨询价值的智库成果。丛书的部分成果为中国智库索引来源智库"辽宁大学东北振兴研究中心"和"辽宁省东北地区面向东北亚区域开放协同创新中心"及省级重点新型智库研究成果，部分成果为国家社会科学基金项目、国家自然科学基金项目、教育部人文社会科学研究项目和其他省部级重点科研项目阶段研究成果，部分成果为财政部"十三五"规划教材，这些为东北振兴提供了有力的理论支撑和智力支持。

这套系列丛书的出版，得到了辽宁大学党委书记周浩波、校长潘一山和中国财经出版传媒集团副总经理吕萍的大力支持。在丛书出版之际，谨向所有关心支持辽宁大学应用经济学建设与发展的各界朋友，向辛勤付出的学科团队成员表示衷心感谢！

林木西
2019 年 10 月

目 录

第一章 绪言 ········· 1

第一节 "双循环"格局下的区域经济发展 ········· 1
第二节 研究意义 ········· 3
第三节 主要内容 ········· 4
第四节 本书的研究贡献与不足 ········· 8

第二章 文献综述 ········· 11

第一节 区域合作的经济学理论基础 ········· 11
第二节 区域经济合作的实践研究 ········· 15
第三节 东北地区与东部地区对口合作研究 ········· 23
第四节 现有研究评述与本书的出发点 ········· 26

第三章 新发展格局与区域经济发展 ········· 28

第一节 中国区域发展格局的发展实践 ········· 32
第二节 中国区域发展战略的制度演进 ········· 35
第三节 新时代区域经济发展的理论基础 ········· 36
第四节 新时代的区域经济协调发展 ········· 37

第四章 新发展格局下区域间对口合作的理论路径研究 ········· 45

第一节 新发展格局下区域对口合作的理论基础 ········· 45

第二节 新发展格局下东北地区全面振兴的机遇挑战 …… 52
第三节 新发展格局下东部地区高质量发展的机遇挑战 …… 57
第四节 东北地区与东部地区开展对口合作的可行性 …… 60
第五节 东北地区与东部地区开展对口合作的必要性 …… 63

第五章 新发展格局下东北地区与东部地区对口合作基础条件研究 …… 65

第一节 东北地区与东部地区对口合作基础条件评价模型构建 …… 65
第二节 东北地区与东部地区开展对口合作基础条件分析 …… 74
第三节 东北地区与东部地区对口合作已取得的绩效成效 …… 79

第六章 新发展格局下东北地区与东部地区对口合作现存问题研究 …… 93

第一节 体制机制问题 …… 93
第二节 产业升级问题 …… 98
第三节 科技创新问题 …… 104
第四节 合作平台问题 …… 108
第五节 其他方面问题 …… 110

第七章 新发展格局下东北地区与东部地区对口合作政策体系研究 …… 114

第一节 东北地区与东部地区对口合作政策理论体系研究 …… 114
第二节 对口合作对东北振兴的经济增长效应研究 …… 122
第三节 对口合作给东部地区带来的经济增长效应研究 …… 154
第四节 东北地区与东部地区对口合作政策的产业促进效应研究 …… 176

第八章　新发展格局下东北地区与东部地区对口合作发展路径研究 ………………………… **194**

第一节　推进体制机制创新促进地区间对口合作 ………… 194
第二节　加快地区间对口合作产业转型升级 ……………… 197
第三节　推动科技创新创业促进两地间合作 ……………… 200
第四节　加强两地间的合作平台建设 ……………………… 203

参考文献 ………………………………………………………… **205**
后记 ……………………………………………………………… **216**

第一章

绪　言

第一节　"双循环"格局下的区域经济发展

2020年7月中共中央政治局召开会议,针对我国经济形势提出要"加快形成以国内大循环为主体、国内国际双循环相互促进的新发展格局"。构建"双循环"经济体系,尤其是强化国内大循环主体地位,是适应我国当前国内经济发展条件和复杂国际局势的正确战略选择。一个产业部门齐全、区域发展平衡、要素沟通顺畅的国内循环体系,是建设现代化经济体系的重要基础。

东北是中国的重要工业中心,在中国国内经济循环中具有重要作用。积极合理参与国内大循环经济体系,不仅对于新一轮东北振兴具有重要意义,也对形成平衡有序的国内经济体系具有重要作用。2016年10月18日,国务院召开了振兴东北地区等老工业基地推进会议,明确提出组织东北地区与东部地区相关省市建立对口合作机制。对口合作实施至今已有五年,两地对口合作政策执行情况如何、制定了哪些实施细则、各领域的合作取得了哪些进展、两地对口合作对推动东北振兴效果如何、为东北地区和东部地区发展带来了哪些经济效应、还有哪些因素制约着对口合作的进展等问题,仍需要进一步研究。形成区域间更为紧密的经济联系，是构建国内经济循环的重要环节。如何更好地推进两地经济协同发展，是在"以国内大循环为主体"的新形势下，值得深入研究的重大现实问题。

新中国成立初期，因工业基础的历史积淀和矿产资源的丰富多样，东北地区成为国家重点投资建设的重工业基地。在国家"一五"计划和"二五"计划时期，东北地区工业投资占到全国的1/6，且成为中国与苏联开展国际合作的窗口区域。钢铁、石油、煤炭、汽车制造、飞机制造、机床等大型重点项目都选择在东北地区落地。东北地区的工业总产值在全国工业总产值中占据首屈一指的地位，一度被誉为新中国工业的"摇篮"。改革开放后，中国经济进入了快速发展阶段，东北地区经济在21世纪初是中国增长速度最快的地区。配合中国快速的城市化进程，东北的重型工业机械、现代计算机、钢铁金属等产业取得了长足的进步。但是近些年来，随着机制体制落后、产业结构升级缓慢、资源逐渐枯竭等情况的出现，很多企业因缺乏创新能力和市场竞争力而逐渐被市场淘汰，东北地区大量国有企业职工下岗；由于企业不景气，职工工资低，大量人才离开了东北地区，东北地区生产总值（Gross Domestic Product，GDP）在全国占比开始持续下降。"东北现象"和"新东北现象"一度成为中国区域经济学关注的重要问题。面对东北经济困局，国家陆续出台了多种振兴政策，虽然取得了一定的政策效果，但是东北地区转型发展依然面临诸多问题。对比东北地区近十年来面临的经济困局，江、浙、沪、京几个地区的经济增速一直保持着较高速度的增长，东北地区与东部地区的经济增速差异还在不断拉大。

2016年10月，国务院印发《国务院关于深入推进实施新一轮东北振兴战略加快推动东北地区经济企稳向好若干重要举措的意见》（以下简称《意见》），文件中正式提出"组织辽宁、吉林、黑龙江三省与江苏、浙江、广东三省，沈阳、大连、长春、哈尔滨四市与北京、上海、天津、深圳四市建立对口合作机制"。《意见》一经发布，国家发改委立即会同相关省市开展深入调查研究，通过组织召开专家座谈会等方式商议制定合作方案。次年3月，《东北地区与东部地区部分省市对口合作工作方案》由国务院办公厅正式印发（以下简称22号文）。22号文中具体阐述了两区域间对口合作的指导思想、基本原则、主要目标、重点任务和保障措施等内容。2017年4~5月间，对口省市分别起草对口合作方案并报国家发展改革委审批，对口合作的"三省四市"分别根据各自地方发展情况，并结合合作实际，出台了地区性的对口合作方案。22号文中明确指出，到2020年对口合作要取得"重要实质性成果"。迄今为止，对口合作工作仍稳步推进，在东北和东部地区的经济社会发展中已经发挥了重要作用，为东北振兴注入了新的活力。

第二节 研究意义

一、现有研究的不足之处

现有研究对"双循环"经济发展新格局、东北地区全面振兴、东北地区与东部地区对口合作等方面进行了广泛的讨论。但是现有研究在学术理论和现实应用层面存在着一些有待发掘的重要问题：

学术理论层面，"对口合作"不同于"对口支援"，强调区域之间建立以市场机制为基础的可持续经济联系，这也是发展国内区域间循环的关键环节。那么，区域间"对口合作"模式的特征是什么、这种模式会通过怎样的机制影响区域经济发展和区域经济联系，这两个问题需要得到一个理论框架下的系统分析。同时，现有关于东北振兴的研究强调获取东部地区的经验与资源，鲜有关于东北地区对东部地区经济影响的研究。"对口合作"的机制是双向的，在对口合作过程中，东部地区所产生的变化以及发生变化的原因，也需要进行进一步研究。

现实应用层面，已有关于"双循环"经济格局背景下区域经济发展的研究，其从整体层面对区域经济发展空间布局、联系方式和发展目标进行了科学的论述，但是在构建国内大循环为主体的新经济格局下，区域间经济联系的建立需要探索更为具体的模式。因此，新经济格局下，各个区域之间具体通过何种模式建立高质量的经济联系，有待于对更多现实依据和具体政策研究进行丰富。

二、本书的研究意义

研究的学术价值方面，针对"对口合作"模式特征，有待进一步明晰新经济发展格局下东北地区有机融入国内大循环体系方式等现有研究的欠缺之处，本书基于演化经济地理、创新集群发展等理论，总结了"对口合作"作为区域间经济循环模式的突出特征。在此基础上，通过研究这些影响东北地区与东部地区经济发展的机制的特征，丰富和完善了新经济发展格局下国内区域间经济的联动机制研究。

研究的现实意义方面，针对经济发展新格局下，关于区域间合作具体模式与政策研究有待丰富这一情况，本书从合作成效评估、现存问题梳理与对策建议启示三个角度出发，对东北地区与东部地区对口合作相关问题进行分析，扩展了区域经济联系构建具体模式的研究。进一步地，东北地区与东部地区对口合作可以作为一种国内循环的典型模式，以及促进区域经济合作尤其是经济发展处于不同阶段地区间经济合作的政策手段。

第三节　主要内容

本书主要研究三个方面的内容：第一，新发展格局下东北地区与东部地区开展对口合作的理论基础研究；第二，新发展格局下东北地区与东部地区对口合作的现实情况分析；第三，新发展格局下东北地区与东部地区进一步开展对口合作的模式探索。具体内容如表1-1所示。

表1-1 "新发展格局下东北地区与东部地区对口合作研究"研究内容

序号	研究类别	研究主题	具体内容
1	理论基础研究	新发展格局下区域间对口合作的理论研究	• 新发展格局下区域间对口合作的理论基础 • 新发展格局下区域对口合作的治理路径 • 新发展格局下区域对口合作的产业路径 • 新发展格局下区域对口合作的创新路径 • 新发展格局下区域对口合作的平台路径
		新发展格局下东北地区与东部地区对口合作的战略需求研究	• 新发展格局下东北地区全面振兴的机遇执战 • 新发展格局下东部地区高质量发展的机遇执战 • 东北地区与东部地区开展对口合作的可行性 • 东北地区与东部地区开展对口合作的必要性
2	现实情况分析	新发展格局下东北地区与东部地区对口合作基础条件研究	• 东北地区与东部地区对口合作基础条件评价 • 东北地区与东部地区对口合作体制机制的绩效成效分析 • 东北地区与东部地区对口合作产业升级的绩效成效分析 • 东北地区与东部地区对口合作科技创新的绩效成效分析 • 东北地区与东部地区对口合作平台建设的绩效成效分析
		新发展格局下东北地区与东部地区对口合作现存问题研究	• 体制机制问题 • 产业升级问题 • 科技创新问题 • 合作平台问题
3	合作模式探索	新发展格局下东北地区与东部地区对口合作政策体系研究	• 东北地区与东部地区对口合作政策体系梳理 • 东北地区与东部地区对口合作政策的经济增长效应研究 • 东北地区与东部地区对口合作政策的产业促进效应研究
		新发展格局下东北地区与东部地区对口合作发展路径研究	• 改革体制机制 • 深化产业升级 • 促进科技创新 • 建设合作平台

一、新发展格局下区域间对口合作的理论研究

本书研究部分区域经济学与经济地理学的相关理论,着重分析新发

展格局下区域间对口合作的理论基础与机制路径，分析内容分为五个部分：①新发展格局下区域间对口合作的核心动力、指导理念、空间布局和模式特征。新发展格局下区域对口合作是以发挥区域间比较优势为核心动力，以新发展理念为指导，服务于"国内大循环"构建，具有创新性的区域合作模式。②新发展格局下区域对口合作的治理路径。研究区域间在体制改革、机制设计和政策治理层面开展对口合作的理论路径。③新发展格局下区域对口合作的产业路径。④新发展格局下区域对口合作的创新路径。研究区域合作在人力资本、产业集聚和知识溢出等方面的作用，提出不同机制在现实中对应的区域对口合作路径。⑤新发展格局下区域对口合作的平台路径。

二、新发展格局下东北地区与东部地区对口合作的战略需求研究

"国内大循环为主体，国内国际双循环"新格局为区域经济发展提供了新的机遇与挑战，也对区域间对口合作模式发展提出了新要求。本书基于理论框架，结合东北地区与东部地区发展的现实情况，梳理了东北地区和东部地区在新发展格局下各自面临的机遇与挑战，这是两区域开展对口合作需要实现的最终目标。进一步地，本书从国内大循环中各个区域的功能定位、共同开拓国际循环的区域配合角度，论证了东北地区和东部地区在新发展格局下开展区域对口合作的可能性与必要性。

三、新发展格局下东北地区与东部地区对口合作基础条件研究

本部分基于理论分析，构建相应的评价指标与实证模型，分析对口合作的基础条件与前期工作的绩效成效，研究内容包括：①东北地区与东部地区对口合作基础条件测度研究。利用统计学方法构建指数，评价两地区体制机制、产业升级、科技人才和平台建设四个维度的合作的基

础条件。②东北地区与东部地区对口合作的绩效成效研究。利用时间序列分析方法，定量研究东北地区与东部地区对口合作在区域经济发展整体表现上的绩效成效。

四、新发展格局下东北地区与东部地区对口合作现存问题研究

本部分着重强调东北地区和东部地区对口合作各个主体的利益诉求与现实问题。通过整理针对企业、园区和政府等主题的深度调研案例，研究东北地区与东部地区在体制机制、产业升级、技术创新和合作平台等方面存在的现实问题。

五、新发展格局下东北地区与东部地区对口合作政策体系研究

为了实现新发展格局下东北地区和东部地区更高质量的区域合作，需要对"对口合作"政策实施以来的政策效果进行科学评估。因此，本部分包含以下三个方面的内容：①东北地区与东部地区对口合作政策理论体系研究。②东北地区与东部地区对口合作政策的经济增长、产业转型、技术创新、沟通平台效果实证研究。③东北地区与东部地区对口合作政策的产业促进效应的实证研究。

六、新发展格局下东北地区与东部地区对口合作发展路径研究

本部分在前面研究结论的基础上，提出东北地区与东部地区在体制机制改革、产业转型升级、科技创新发展、合作平台建设四个方面的合作路径，形成对口合作模式促进区域经济循环、共同开拓国际循环的政策建议。

第四节 本书的研究贡献与不足

一、研究贡献

（一）系统梳理了对口合作政策实施以来东北地区经济发展现状

东北振兴无论在理论上还是实践上都是一个重要的课题，研究者众多，但目前的研究者基本都以经济发展的某个方面为切入点进行专项研究，很少有纵观东北经济发展全局的研究。

本书从对口合作政策入手，全面分析了近年来东北振兴的成效和制约因素。基于大量翔实的经济数据和资料，对东北地区目前经济发展的几个主要方面进行了系统梳理，并比较全面地对东北地区在机制体制、科技发展、产业结构调整等方面的现状进行了阐述。这将为研究东北问题的学者提供参考资料，并为政府工作提供理论来源。

（二）创新性的研究结论

截至目前，本书首次对对口合作政策的经济效应进行了评估。本书在对大量翔实数据进行分析与多方比较的基础上，采用了目前政策评估效果最好的 PSM-DID 方法，对合作的经济效应进行了实证研究。经过实证分析所得的结果与实际问题基本吻合，这些分析结果客观地显示出了合作政策对两地的经济影响，为政策的完善提供了可靠的理论依据。通过统计分析和实证分析，本书得出以下主要结论：

1. 对口合作对东北区域经济增长与转型的作用效果

东北地区在对口合作后的经济总量增长显著。对口合作明显促进了东北地区的机制体制改革。转型作用层面，对口合作对东北地区的产业结构合理化效用不显著，但对产业结构高级化有促进作用；对口合作对东北地区的科技投入、科技转化具有显著的促进作用，但对科技产出的促进作用不显著；对口合作对东北地区的平台建设和产业园区建设具有显著的促进作用。对口合作机制影响了东北地区重点产业和重点行业的发展：东北地区的农副食品加工业、汽车制造业产值规模、固定资产投资受到的政策影响有所提高，但是东北地区信息技术服务业发展由于受到对口合作东部地区"虹吸效应"的影响，其产值规模与创新投资反映的促进效应有限。

2. 对口合作对东部地区的经济效应与东北地区不同

对口合作对东部地区的经济拉动效应不明显，东部地区的机制体制改革也未因对口合作而显现明显的进步，其中，国企改革的效果对机制体制的改革作用不显著。对口合作对东部地区产业结构合理化的促进效果明显，但对产业结构高级化的效果不显著；对东部地区的科技产出与科技转化的促进作用显著，但对科技投入的促进作用不显著；对东部地区平台建设和产业园区建设有明显的促进作用；对东部地区农副食品加工产业的产值规模起到了一定程度的抑制作用，但对该产业的固定资产投资水平和影响作用不明显；对汽车制造业有促进作用，但研发水平的提升作用不明显；对东部地区信息技术服务业的产值规模起到了促进作用。

3. 对口合作视角下东北振兴的制约因素

主要制约因素表现为：第一，两地社会文化、经济发展"软环境"存在较大差异，使得部分地区对口合作意愿并不强烈，对口合作在基层政府层面执行面临困难；第二，区域间要素流通存在一定障碍，例如合作中两地信息、资本流动面临区域性政策限制，产业园区功能存在竞争冲突，东部地区对东北地区人才"虹吸效应"明显；第三，两地产业结构存在一定的互补性，同时面临着因为产业结构差异较大导致的合作领域受限。

二、尚待改进之处

（1）对口合作政策是在对口援助和区域经济合作的实践和理论基础上发展起来的，涉及的理论范围广博，笔者受学识所限，在理论分析方面比较浅薄、不够全面。

（2）对口合作实施时间短，涉及的地域和领域广，能获取的有效数据少，因此在进行实证分析时只能根据现有数据进行计算，做不到动态和全面；另外，构建的评价模型可能存在主观性问题。

（3）对结论和现状的分析不够全面，尤其是关于"国际循环"与对口合作的相关探索，还有待进一步丰富。

第二章

文 献 综 述

对口合作政策是东北振兴战略的关键举措,也是推动东部地区经济发展的有效手段。本章综述了国内外关于对口援助发展和区域经济合作的经济学理论基础和实践研究,探究了新发展格局下的区域经济发展,系统梳理了东北地区与东部地区对口合作研究,并综述了政策经济效应评价相关理论。

第一节 区域合作的经济学理论基础

区域一般指行政区域或经济区域,本书中的区域是指包含行政区域在内的经济区域。区域经济合作在本书中是指区域之间通过合作共建、产业投资和产业转移等多种经济手段实现合作双方都获得经济发展的行为和结果。区域经济学认为自然禀赋的差异和经济活动的极化是区域间经济发展不均衡的主要原因;而区域协同发展可以更加有效地实现资源配置合理化,提升经济发展速度。在世界范围内,经济发展呈现多极化,关于区域经济发展的研究浩如烟海,本节仅将与东北地区和东部地区经济发展和对口合作相关的研究进行阐述。

在现有理论研究中,有典型的均衡发展理论和不平衡发展理论。罗森斯坦·罗丹(Rosenstein – Rodan, 1943)的大推进理论和诺克斯

(Nurkse, 1967) 的"贫穷的恶性循环"理论是典型的平衡增长理论。大推进理论主张投资于互补的产业部门，以取得正外部性，从而避免因不均衡地推进经济发展而出现产出过剩或产出不足的情况（Rosenstein-Rodan, 1943）。诺克斯（1967）在其代表性的"贫穷的恶性循环"理论中阐述了关于均衡发展的经济模式，他认为对经济部门的投资应以该部门的产出能力或产出潜力为依据，根据产品的需求弹性和收入弹性确定对该部门的投资规模和比例。对于那些经过长期发展仍然发展不足，但潜力巨大、回报率高的行业应增大其投入规模，从而实现经济的均衡协调发展。

赫希曼（Hirschman, 1988）的非均衡发展理论认为，在区域经济发展过程中，发达地区（增长极理论中的增长点）存在着极化效应，这会导致发达地区吸引落后地区的资本、技术和劳动力，从而加剧经济发展的非均衡状态。缪尔达尔（Myrdal, 1957）指出，市场一般会增加区域间的差异，并不会缩小这种差异。发达地区能够实现经济的持续增长，并且能够在增长的过程中为之后的经济发展积累更多资源，即其发达的经济模式能够形成正向的反馈机制。由于市场机制的作用，回流效应会大于扩散效应，这将引发欠发达地区进一步的经济落后，产生"富者越富，穷者越穷"的非均衡空间分布，缪尔达尔（1957）认为循环累积因果理论反映了社会经济发展各种因素变动的客观现实。

20世纪60年代，在雷蒙德·弗农（Raymond Vernon）产品生命周期理论的基础上，区域经济学家们提出了区域经济梯度推移理论。该理论用梯度定义区域之间的经济差异，认为高梯度区域通过创新和溢出促进发展，而低梯度地区接受扩散并寻求机会向上寻求发展。20世纪70年代，波兰经济学家萨伦巴（Zaremba）等最早提出点轴理论。该理论认为，随着增长极的增多，增长极之间将形成用来相互连通的交通线，这条交通线即扩大了的增长极，称为发展轴，这就形成了从发达地区向不发达地区推进的线性推进机制。

关于区域合作的经济学理论主要包括城市与区域空间发展理论、内生增长理论和比较制度分析理论。

一、城市与区域空间发展理论

(一) 城市—经济空间理论

城市—经济空间理论最早是由马歇尔（Marshall，1920）提出的产业氛围中的观点——产业体系与社会文化、实践相关的部分与产业结构、地理分布联系密切。这里的地理分布在之后又被引申发展为经济空间的概念，经济空间的概念不同于传统的地理空间，它是在产业聚集、交易网络与人口文化交融基础上所形成的地点与区域。帕察尔、索拉、冯·赫佩尔等西方学者认为，以集中交易式的交换为特征的经济空间常常是经济增长与技术进步的重要中心。

众所周知，城市作为人口与资源聚集的地区，自然会吸引产业和贸易的集中，形成一定形式的经济空间。当城市经济空间所带来的影响逐渐走出城市本身，走向周边或者其他地区时，便产生了城市经济的空间溢出效益。对口合作工作就是要充分发挥东部城市发展的空间溢出效益，实现东部地区带动东北地区的共同发展。

(二) 城市—区域发展动力学

城市—区域动力学有两大基本观点：第一，城市作为集聚式产业发展的空间沉淀了巨大的固定成本，而这种资本的沉淀又成为推动城市发展的重要惯性力量；第二，资源和产业聚集始终是规模效益和边际报酬递增的根源。简而言之，产业的聚集推动着城市的发展，城市的发展又为产业的聚集提供着动力，而城市为产业提供的动力是多方面的，包括资源、市场、劳动力、政策、历史等。

在对口合作中，一方面，不同区域特有的历史与自然环境为地区经济的发展提供了独特的动力。不同的城市由于地理、资源、人口的差异，形成了不同的经济发展形态与特色产业，这种特色差异性为对口合作工作的开展提供了基本的可行性。另一方面，产业的发展也为城市的发展提供了特有的支撑力。产业向社会提供产品，在满足自身发展的同时，又成为有利于城市发展的手段，满足着区域内居民的各种需要。因此，区域内产业的发展，提供的动力是双向的。对口合作起源于区域产业的优势互补，最终也将以这种互补进一步推动区域产业的振兴与经济的增长。

（三）工业区位理论

韦伯在1909年发表了《区位原论》，以成本最小化为出发点，认为运输费用、劳动力费用、集聚费用决定了工业区位，这被认为是工业区位理论的起点。在经济活动发展的各个阶段，都存在着生产、分配、交换、消费行为在哪个地点发生的问题，工业区位论就是研究生产过程中空间选择的理论。在信息革命与物联网革命的背景下，区位选择的因素发生了改变，出现了"产业分散"等工业区位变化新现象，如何对新型工业区位分布进行解释，是工业区位选择理论的发展前沿。

这一理论对于制造业基础雄厚的东北地区具有极强的启示意义。历史上，东北工业基地凭借着自然资源与政策倾斜优势实现了工业的高速发展；如今，东北地区的部分区位优势被东部地区的体制机制优势所取代。因此，如何通过对口合作工作，重新整合东北地区工业优势因素，实现东北老工业基地的新一轮振兴，是对口合作在产业发展方面面临的重大命题。

二、内生增长理论

内生增长理论在对过去外生增长理论批判继承的基础上，通过引入规模报酬递增、不完全竞争、信息不对称等新假设，提出了更为贴近经济发展实际的理论，使得宏观增长理论对现实的解释能力大大增强。内生增长理论的主要内容可以总结为以下几点：

第一，内生技术进步有效促进了经济增长。罗默强调技术的内生性，技术进步是企业追求利润最大化的产物，提高了产品的生产率，进而促进了经济增长。第二，规模报酬递增。内生增长理论认为，新技术的应用与具有丰富专业知识的人力资本的应用可以令整个经济社会规模报酬递增，这不同于传统的规模报酬递减的假定。第三，国际贸易与区域交流被内生增长理论认为可以促进技术知识的流动，增加贸易国的总产出量，推动经济增长。第四，劳动分工的重要性。经济增长的微观基础在于分工，干中学效应的存在令个人的生产率不断提升，导致了分工的专业化水平提高和经济的内生增长。

内生增长理论对对口合作的启示主要集中于科技创新方面，东北地区与东部地区应以对口合作为契机，加强区域之间在技术与分工上的合作，开展重大技术研发项目的攻关工作，提升自身研发能力与创新能力。

三、比较制度分析理论

比较制度分析理论揭示了制度内的相互作用和互补性，把交易费用的比较视为制度变换和渗透的内在动因，并由此制度和组织的未来发展做出预测，为制度和组织的创新与设计提供理论指导。比较制度分析理论的形成标志着一种新型的经济学分析范式的诞生。

通过比较制度分析理论，相关研究可以将东北地区与东部地区经济社会发展状况分为共用资源域、政治域、交易域、组织域、组织场和社会交换域六个博弈域，并与对口合作的各个重点任务相对应，比较分析东北地区与东部地区在这些方面的差别与差距，从而提出更有针对性、体现区域特色、适合区域发展的对口合作对策建议。

第二节 区域经济合作的实践研究

一、对口援助的相关研究

（一）对口援助（对口支援）的概念提出与理念演变

对口援助最早由乌兰夫在 1979 年的中共中央全国边防工作会议上

提出（于永利，2014）。之后，理论界与实务界的诸多研究开始对对口支援"是什么"展开讨论。王达梅（2009）认为，由东部地区在经济、教育、医疗方面援助中西部地区的"对口帮扶"是构建横向援助关系的现实基础。靳薇（2010）认为，对口援助是促进区域间共同发展的政策性投资。钟开斌（2013）提出，对口援助是应对重大突发事件重要的跨区域治理机制。伍文中（2014）提出，对口支援是推进横向财政转移支付的最初形式。

李瑞昌（2015）通过人类学的"馈赠"概念来理解对口援助，将对口援助视为一个政治馈赠过程，即在中央政府主导下，地方政府通过无偿馈赠的方式，使得资源实现从发达地区向落后地区的定向流动。与此同时，对口支援也是中国重要的边疆治理形式和跨区域协作治理模式（吕朝辉，2016；丁忠毅，2018）。通过横向资源转移等举措，对口支援有助于实现边疆地区跨越式发展，促进民族团结，实现内地与边疆地区的协同发展（马文颖，2015），进而推动区域平衡发展（朱天舒，2012）。王磊（2018）认为，对口支援是由政府主导，由发达地区支援落后地区，进而促进区域协调发展的经济发展援助政策。郑春勇（2018）对现有概念做了一个梳理，其中包括促进区域协调发展的政策性投资、横向转移支付制度、边疆治理方式、特殊府际关系以及应急管理手段等。丁忠毅（2021）认为对口支援中援助方与受援方的双向互动可以促进国家各区域整合，是央地关系的一种新模式。

（二）对口支援的性质

对对口支援性质的研究主要是从主体间关系的角度加以分析的。部分学者从对口支援的整体框架入手，探讨对口支援各主体间的关系。朱光磊（2011）认为，在对口支援中，中央政府是发起方和主导者，由其来确定援助方和受援方以及援助时间和援助形式；而地方政府作为行动主体，根据中央政府指定的项目和资金展开援助。兰英（2011）将对口支援之间的主体关系划分为四类，分别是：东部地区的省市县支援西部地区相应层级的"平行模式"、东部较高行政层级对口支援西部较高或较低层级的"斜向模式"、基于专门领域展开的发达地区对口支援欠发达地区的"专门领域型支援模式"以及遭遇重大灾害时的"应急型支援模式"。钟开斌（2013）指出，对口支援的本质是一种保险机制，其以"中央统筹协调，政府模拟市场"的政府间关系为基本保障。李瑞昌（2015）指出，对口支援是以中央政府、支援方省市政府、受援方省市政府与受援方的市县乡级政府之间复杂的委托代理关系为基础的。吕朝辉（2016）认为，对口援藏的政治保证是央地以及上下级党委之间的纵向关系。基于中央的统一动员，对口支援作为一种政治任务，以经济发达地区对边疆少数民族地区的"输血式"援助进行。

另外一些学者则从具体的对口支援项目入手，讨论在具体项目中所体现出的对口支援性质。杨明洪（2016）用博弈论的方法分析了中央政府、支援方和受援方之间的关系。通过各博弈方策略的调整，如中央政府提供消极支援的惩罚成本、完善对口支援运行机制等，可以提高对口支援的实际运行效果。王磊（2018）通过对对口援藏的分析，认为对口援藏兼具通过行政指令进行"自上而下"的强制性特征与充分了解当地居民需求之后的"自下而上"的需求主导型特征。周光辉和王宏伟（2020）认为对口支援通过中央与地方关系的重新调整，有效实现了规模治理负荷到规模治理效应的转变，充分发挥了制度优势。

（三）对口援助的内容

国内学者从总的框架性角度以及具体援助项目的视角对对口援助的具体内容进行了相应论述。

于永利（2014）认为，对口援助的内容主要包括经济技术、科教文卫、重大工程以及重大灾害的对口支援。莫代山（2010）从对口支援的具体措施入手，提出其措施主要包括城市基建帮扶、农产品开发帮扶、科教文卫项目帮扶、人才智力交流帮扶、企业联姻帮扶以及为民族文化提供展演舞台等帮扶形式。钟开斌（2013）通过梳理对口支援相关政策发展历程，认为对口支援政策主要分为支援边疆民族地区、支援重大工程以及支援重大灾害三类形式。

部分学者从具体援助项目的角度对对口援助的内容进行了详细阐释。靳薇（2011）对1984~2005年对口援藏的项目进行了详细梳理，其中包括"43项工程"（1984年）、"江河项目"（1991年）、"62项工程"（1994年）、"117项工程"（2001年）、"71项工程"（2001~2002年）、"24个大庆工程"（2004年）、"7个重大工程"（"十一五"规划期间）等。刘铁（2010）以汶川地震灾后重建为例，认为在不同的支援内容上存在不同的支援形式。对于诸多民生工程和基础设施建设，主要采取无偿援建的方式，主要包括"交钥匙工程"和"交支票工程"两种援建形式。而对于产业发展，支援方既为受援方提供技术扶持，也为其提供相应市场。王磊（2018）将对口援藏各项目按实施特定阶段进行了梳理，认为对口援藏经历了早期"粗放式"的试验阶段——全国各地基于中央指令无偿支援西藏各种商品，改革开放初的初步形成阶段——"中央关心西藏，全国支援西藏"，以及改革开放后逐步深化的对口援藏政策——形成了具体、明确的对口支援任务。单菲菲和张雅茹（2021）认为在对边疆地区的对口援助中，援助主体实现了由党政机关、政府部门到企业和非营利组织的逐渐过渡；援助领域注重教育，并且基础公共服务所占比重越来越大；援助方式上越来越注重可以提升边疆地区经济发展的长期效应。

（四）对口援助的效果与评价

部分学者以定性研究的方法分析对口支援政策的运行效率及其存在的问题。李庆滑（2010）认为，从经济发展的角度来看，对口支援有助于推进少数民族地区经济发展与建设；而从政治角度考量，对口支援既有利于维护民族团结、解决公共危机，也有利于缓解财政压力、维护中央权威。赵明刚（2011）认为，对口支援有力地推动了受援地宏观经济发展与人民生活水平的提升；同时，通过诸多社会公益事业项目，受援地教育、医疗、卫生、科技等方面得到了显著的改善。但由于重政府、轻市场，政策工具简单且缺乏有效评估机制，使得对口支援政策效果并不完全理想。阿尔达克·那斯尔（2014）基于公共政策理论，对对口支援政策绩效进行了评估，提出其中存在制度不健全、受援方缺乏长效发展机制等问题。王磊（2018）从运行目标、运行动力和运行约束的角度对对口援藏的效果加以分析，认为对口支援不仅有利于平衡区域间财政能力，而且有利于将发达地区的发展经验传递给落后地区，进而推动受援地经济可持续发展。同时，稳定的结对关系也降低了交易成本，便于长期了解并进行适宜的技术援助。但其中存在以下两大问题：支援方之间因发展差异所造成的受援方之间的发展差距以及各主体之间的利益驱动不协调、不一致所导致支援出现的短期化、指标化特征，使得支援过程不能顾及受援方的真正需求，降低了援助效率。孙久文（2020）基于 Oaxaca-Blinder 模型对东北振兴的政策效果进行了实证分析，他的分析结果显示，东北振兴的政策显著提升了东北地区人均 GDP 以及东北地区的投资水平，但是对基础设施建设的作用不显著。王磊（2021）运用双重差分法检验受援地区经济增长的效应，研究发现西藏相对发达的地区在受援后的增长效应相对于不发达地区更为明显。

张晨（2018）从教育学的视角分析了在职业教育对口支援中存在的问题，认为支援中存在忽略受援地需求的"供给导向"、忽略受援地发展状况而盲目高标准输出的"理想主义"以及重物力而忽略人才建设进而导致硬件的"资源闲置"等问题。

另外一些学者则尝试用定量分析的方法来评估对口支援政策的效率，其中既包括简单的数据分析，也包括严格的实证分析。靳薇（2011）基于其 1997 年和 2002 年在西藏的问卷调查，发现当地民众对经济效益的评价较低，而对社会效益的评价相对较高。部分学者则尝试构建评价指标来对援助效果进行评价，并对相关影响因素进行分析。刘金山（2017）以对口援疆为考察对象，通过采用双重差分法发现，整体而言，对口援疆政策推动了新疆经济增长，这种效果与受援地的经济发展基础呈正向关系。张双悦（2018）基于 2015~2016 年西藏的面板数据，分析了各类援藏措施对西藏经济增长的影响。王磊和黄云生（2018）通过运用 DEA 方法构建资源配置的效率评价模型，并从投入（财力、人力）和产出（经济收益）角度构建了指标体系。通过分析发现，对口援助效率总体较高，但尚未达最佳值，而效率的变动同时受规模效率和技术效率影响，前者表现为组织管理水平，后者表现为纯技术因素。

二、对口合作相关研究

目前的对口合作是指由中央安排，发达地区与欠发达地区在某些领域展开的对等的合作。中国存在两类由中央安排的对口合作，一类是由对口支援逐渐转变而来的对口合作，是支援方和受援方在对口援助的实践过程中逐渐建立起来的双向关系；而另一类则是由中央直接安排的对口合作关系（杨龙，2018）。2017年3月，国务院办公厅《关于印发东北地区与东部地区部分省市对口合作工作方案通知》正式明确了"对口合作"政策。此类对口合作则是由中央政府安排，仍发挥帮扶的作用，但在运作过程中，其以"政府引导、市场运作"为原则，且中央政府不直接参与其中。

（一）对口援助向对口合作转化

刘铁（2010）以汶川地震灾后重建为例，指出支援方与受援方的关系从最初的"输血"关系转变为"造血"关系，由支援方帮助受援方进行产业重建。在这一过程中，通过双方签订多种合作协议，以无偿帮扶为特征的"对口支援"逐渐向以互利共赢为特征的"对口合作"转变，其转变路径为：项目援建和智力支持—产业扶持—对口合作。郑春勇（2011）认为，这一转变过程体现了对口合作"地方政府自发、合作重点明确、合作利益共享"的特征，对口合作是地方政府的实践成果且经过中央政府认可的产物，合作领域广泛且深入，合作双方都可从中获益。

部分学者分析了从对口支援向对口合作过程中，参与主体府间关系的转变。

刘铁（2010）认为，地方政府既是"中央的代理人"，同时也"代表了地方公众的利益"。因此,地方政府要为地方人民谋求经济利益。当三年对口支援任务完成之后,地方政府基于自身的自主性和独立性,会选择同受援方开展进一步的合作。在对口合作过程中,双方基于市场原则,地位平等,互利共赢,支援方和受援方成为平等的合作主体,支援方不再被动服从指令,受援方不再被动接受援助,因此使得地方政府的独立性充分实现,进而提升合作效率。

夏少琼（2013）从政治任务、道德支撑和市场导向三个方面分析了中央政府、援建政府以及受援政府三者之间的关系,认为在对口支援过程中,威权体制是其制度保障,而支援方和受援方之间的援助行动主要是基于政治任务和道德支撑展开的。在从对口支援向对口合作转变的过程中,财政体制分权化是其动力机制,市场导向则协调了支援方和受援方之间的关系,二者不再是不平等的援助关系,而是平等的合作关系。

李瑞昌（2017）梳理了我国"对口关系"相关政策的演变过程,认为对口支援向对口合作的转变意味着双方政府从"合伙关系"转向"朋友关系",前者意味着一方无偿援助另一方,共同解决发展问题,遵循的是"无偿依存"原则;而后者意味着双方均从自身利益出发谋求合作,遵循的是"互惠互利"原则。

侯景新和于子冉（2021）认为对口合作既保留了对口援助和对口帮扶的优势,也对其不足进行了改进;各级政府充分发挥自主性,企业按照市场经济的原则对口衔接,既发挥了"有形的手"的作用,也发挥了"无形的手"的作用。

从以上学者的分析中不难发现,对口支援向对口合作的转变,其根本特点在于市场机制的引入以及双方地位的转变,而这种平等互利的关系将显著地提升双方的合作意愿与合作效率。

（二）中央政府直接安排的对口合作

中央政府直接安排的对口合作,主要体现为东北地区与东部地区的对口合作。这一战略既有助于推动东北地区的体制机制改革,进而激发其经济发展活力，又有利于实现双方优势互补，使得各自基于自身比较优势展开合作，推进东北地区的产业结构调整与转型；同时，对口合作也彰显了我国的政治优势，通过对口合作将东部地区的有益经验传递给东北地区（谭红梅，2018）。国家发展发改委负责人在答记者问（2017）中提到，东北地区可以通过借鉴东部地区丰富的发展经验解决其面临的经济问题，有利于转变发展理念，实现观念革新。

张庆杰（2018）对对口合作的特点进行了总结。他认为，对口合作的主要特点是创新性，其既不同于先前中央政府安排的、作为政治任务的对口支援、对口帮扶，也不同于地方政府间完全自主选择的区域合作，而是兼具二者特征，既有中央政府的指导，也有地方政府间的协调与互动，因此更贴近对口合作双方的需求，有利于双方实现互利共赢。同时，中央政府对对口合作关系的确立过程也不是随意的，互补性是对口合作关系的基础。七对对口合作关系是在综合考虑相关省市发展状况的基础上建立的，而使得对口合作发挥作用的关键则是充分调动地方积极性。李胜兰（2017）也总结了对口合作模式的优越性，认为对口合作模式的展开是以双方的比较优势为基础，合作项目是在综合考虑各方利益后做出的选择。同时，这种基于互补优势的合作模式更具广泛性，不再局限于东部与西部、发达与落后地区等界定方式。另外，央地以及地方政府间的关系更加规范化，中央政府的指令性弱化，地方政府的自主性提升。

基于对口合作方案提出后各方展开的实际合作行动，部分学者就对口合作的行动路径进行了总结与分析。王青伟（2017）根据哈尔滨与深圳的合作模式，提出双方应建立高效务实的合作机制，确立多层次、全方位的合作关系；设立合作示范区，按"总部经济＋生产基地"的方式发展"飞地经济"模式；通过组建合资公司的方式，赋予合资公司特许经营权等，进而支持合资公司落实合作重点任务。范帅邦（2018）以上海与大连对口合作为例，分析了两市对口合作的路径选择：沪连基于两地产业优势，开展产业对接合作；加强跨区域产学研结合，推进双方要素市场结合；基于双方沿海的地理优势，推进对外开放合作。栾美薇（2019）基于东北地区和东部地区对口合作的具体策略，对当前对口合作行动路径各做了一个总结。她指出，在当前合作中，各对口省市坚持"政府引导，市场运作"、"突出特色，互利共赢"、"重点突破，示范带动"和"创新机制，探索路径"的合作原则，建立了较为完善而系统的对口合作机制，通过优化营商环境、推进国企改革等多种措施来推进重点领域合作，基于各自优势开展产业合作，有序开展干部挂职和人才交流，进而构建了多层次合作体系，取得了一定的成绩。孙德超和钟莉莉（2020）基于"飞地模式"对东北地区与东部地区的对口合作进行研究，发现阻碍两区域经济深层次合作的原因是对东部地区没有足够的激励约束使其积极合作，因此建立利益共享和成本共担机制，以增强东部地区这一"飞出地"的合作意愿。

当前研究多从定性的角度分析东北地区与东部地区对口合作的优势与成就，相应的实证分析却相对较少。邹环（2018）基于黑龙江省与广东省对口合作的相关数据，运用因子分析法分析了东北产业转型的主要影响因素。研究发现，国企占比是影响东北产业转型的核心要素，适龄劳动人口数则对产业转型有显著的积极作用，而每万人在校大学生数等因素虽也呈现正向影响，但并不显著。

在对口合作过程中，仍然存在一系列的问题。例如，双方的合作需求有待统一，经济规模发展有待提高，东北地区营商环境有待改善，思维观念有待改变。尤其要注意的是，要防止在对口合作过程中，东部地区从东北地区吸走资金、人才和技术，进而使得合作双方的差距进一步拉大（栾美薇，2019）。

第三节 东北地区与东部地区对口合作研究

一、东北地区与东部地区对口合作的提出

20世纪90年代中后期，东北地区受传统计划经济的影响，经济增

速下滑，经济发展动力不足，工业经济出现衰退，经济结构调整缓慢，形成所谓的"东北现象"（刘金凤，2018）。因此，无论从促进国家经济发展的角度来看，还是从比较优势转移规律等经济发展规律来看，推动东北经济的振兴都具有极其重要的战略意义（林木西，2003）。

从2014年开始，东北三省经济增速出现"悬崖式下降"。2015年上半年，东北三省经济增速排名全国倒数，工业增速大幅下降，工业效益严重下滑，固定资产投资深幅走低，消费市场增长明显放缓，进出口显著下降，东北地区经济发展陷入低谷（王冠群，2016），学界称之为"新东北现象"。

在与国内其他发达省市的合作中，引入了新的合作机制——东北地区与东部地区对口合作机制，即学者针对具体问题，就新一轮东北振兴战略的行动路径提出的见解。

2016年底，官方首次正式提出对口合作模式，其直接目的便是推进新一轮东北振兴战略的落实。张庆杰（2018）提出，在2017~2018年期间，众多合作项目落地，对口合作在推进东北振兴中发挥了积极作用。与此同时，通过东部地区优质企业参与东北混合所有制改革，有利于推动东北国企改革，助力东北振兴（宋帅官，2019）。

二、东北地区与东部地区对口合作实施总方案

2017年3月，国务院发布《东北地区与东部地区部分省市对口合作工作方案》（以下简称22号文），预示着东北地区与东部地区对口合作工作正式展开。随后，合作方案中涉及的七对省市在4~5月间分别制定了对口合作实施方案并提交国家发改委，2018年3月各对口省市的对口合作实施方案由国家发改委正式发布。表2-1将8份对口合作实施方案中的内容进行了简要概括。

表 2-1 对口合作主要内容

实施方案	重点内容			
	体制机制方面	产业结构方面	科技创新方面	平台建设方面
辽—苏方案	深化改革扩大开放	开展产业务实合作	提升创新创业水平	人才交流	搭建平台
吉—浙方案	体制机制创新	产业协同合作	基础设施共建	平台对接	创新创业	人才交流
黑—粤方案	改革经验交流推进机制体制创新	产业务实合作	提升创新创业水平	搭建平台载体
沈—京方案	加强人才合作观念理念更新	推进产业结构调整	推进机制体制创新	提升创新和服务水平	平台建设
连—沪方案	推进机制体制创新	加快城市功能提升	开展产业务实合作	创新创业合作	推进重点区域合作	加强干部人才交流
长—津方案	推进机制体制创新	开展产业务实合作	提升创新创业水平	搭建平台载体	挂职推进干部人才交流
哈—深方案	推进机制体制创新	促进产业结构调整	拓展科技合作	搭建合作平台载体

注：各市简称：沈—沈阳，连—大连，哈—哈尔滨，长—长春，深—深圳，其他简称与国家规定相同。

资料来源：以上内容来源为 22 号文与 7 部对口合作实施方案。

从表 2-1 可以看出，各省市的对口合作实施方案的框架与 22 号文基本一致，具体包括对口合作的指导思想、合作原则、合作目标、合作内容和保障措施等。各省市制定各部分的具体内容在紧密围绕 22 号文的基础上，充分结合自身特点，力求实施方案科学、客观、可执行性强。本节将综合分析 8 份实施方案，总结、归纳并概括介绍方案中的各项内容，对各项内容进行系统解读，比较各地对口合作实施方案中的不同点，分析各地在对口合作中展现的特色。具体内容按照合作内容、合作目标、合作原则和保障措施的顺序进行。

三、东北地区与东部地区对口合作成效分析

东北地区和东部地区已经基本建成了对口合作的长效机制,各对口省市及其辖区内各级行政主管部门、企业、科研机构、社会团体之间逐渐建成了长期交流、沟通、合作的组织形式。经过实践和理论两方面的不断完善,形成了对口合作的相关政策和保障措施。

在东北地区机制体制改革、产业结构调整、创新创业和平台建设方面取得了预期效果。通过派遣挂职干部和经验交流等方式,东北地区学习了东部地区先进的管理经验,简政放权、放管结合、优化服务,全面提升了东北地区政府工作效率。国有企业改革进一步推进,东部地区国企以入股、并购、合作等模式参与企业改革重组工作,优质的PPP项目与混改融资项目成效显著。东北地区充分发挥自身优势,在制造业转型、新兴产业发展、金融业改革、现代农业、旅游服务业等方面积极与东部地区展开合作。东北地区利用自身强有力的科研基础,从强化知识产权保护、扶持科技成果转化、研究平台共建等方面入手,建立起有利于科技成果研发转化的合作机制。合作平台方面,截至2017年,合作各方政府间联合出台合作整体性方案7部,确定全局性合作重点118项,建立起从省级到市地级单位的政府合作平台体系,规定了互访交流、信息共享、合作办事等方面的内容。由此可见,对口合作对东北振兴的推动作用已经初步显现。

第四节 现有研究评述与本书的出发点

从以上研究可知,对于新一轮东北振兴战略以及对口合作的实施效果,国内鲜有相应的实证分析和较为全面的评价体系,缺乏有关对口合作机制对推进东北振兴战略落实成效的评价的理论和实证研究。与此同时,在新发展格局下东北地区与东部地区对口合作研究也不甚全面。基

于此研究背景，本书基于新发展格局下东北地区与东部地区对口合作研究，尝试构建一套较为完整的评价指标，来分析新发展格局下东北地区与东部地区对口合作对推动东北地区经济发展、体制机制变革以及东北振兴战略实现的实际成效。

第一，本书从新发展格局下系统梳理了东北地区与东部地区对口合作研究所取得的成果和面临的问题。对东北振兴问题的研究文献浩如烟海，但是从对口合作角度全面而系统阐述东北经济发展状况的研究却不多，本书则填补了这一项空白，能够为其他的研究者提供比较全面的参考材料。

第二，对区域经济理论进行了有益补充。中国区域间对口合作大都是发达地区以帮扶为主支援不发达地区的形式，很少有学者对此种区域合作进行过系统研究。尽管现阶段东北地区的经济发展相对缓慢，但尚不是落后地区，本书对新时代下东北地区与东部地区对口合作的经济效应进行了深入、系统的研究，开创了区域经济合作发展研究新领域，丰富了区域经济理论。

第三，建立新发展格局下区域对口合作分析框架。本书将理论路径研究、战略需求、基础条件研究、政策体系研究、现存问题研究和发展路径研究等几个方面作为新发展格局下对口合作分析框架，研究东北地区与东部地区对口合作现状、经济效应、制约因素与对策建议，抓住了东北地区经济发展相对滞后以及东北振兴的关键。

第三章

新发展格局与区域经济发展

我国经济已进入新常态,经济增速换挡回落,产业结构优化调整,区域经济由差异走向协同。加之新冠肺炎疫情后国际局势剧烈调整,出口萎缩,我国面对的外部环境更加复杂多变,原来的出口导向性模式难以适应我国经济发展,因此国家的发展战略也发生了重大调整,即构建以国内大循环为主体,国内国外双循环相互促进的新发展格局。

党的十九大报告明确指出,要"实施区域协调发展战略",把协同区域发展放在经济发展中的重要位置。2020年4月10日,习近平总书记在中央财经委员会第七次会议上提出:"要构建以国内大循环为主体、国内国际双循环相互促进的新发展格局"[1] 的双循环发展格局;同年7月,中央政治局会议再次提出:要把握扩大内需这一战略基点,形成以国内大循环为主体,国内国外双循环相互促进的新发展格局。新发展格局要求构建国内国外相互促进的双循环发展格局,是基于扩大内需的视角下,对内畅通国内市场,盘活消费潜力,对外联系国外市场,重塑经济发展格局,贯穿生产、消费、流通各个环节,这将重构区域分工与区域经济发展模式;同时,推动各区域经济协调发展,找准各区域在双循环发展中的定位和比较优势又可以扩大内需,夯实新发展根基。在这一背景下,构建区域经济发展新格局已成为大势所趋,加快形成"新发展

---

[1] 中共中央党史和文献研究院:《全面建成小康社会大事记》,人民出版社2021年版。

格局要求以双循环为基础,从供给和需求两侧重构区域分工和发展模式",促进区域经济协同发展。这对各区域经济发展来说,无疑是机遇与挑战并存。

目前学界对于双循环新发展格局的区域经济发展研究主要有以下六个角度:

一是对于双循环两条循环路径的角度,在双循环中强调以内循环为主,是释放国内雄厚市场潜力的要求,是应对错综复杂的国际环境的必然选择,但是以内循环为主绝不意味着闭关锁国(贾康,2021)。国内大循环和国际循环二者之间是辩证统一的,畅通国内大循环才是更好融入国际循环的前提与底气,融入国际循环又可以为国内大循环的发展提供广阔发展空间和强劲发展动力,二者是相辅相成、相互促进的(董志勇和李成明,2020)。若单纯从全国角度分别以国内循环和国际循环两个角度衡量我国的国民经济依赖度,国内循环创造价值比例虽有所提升,但仍低于大国国内自循环模式比例,建立起强大的国内自循环仍需努力(陆江源,2020)。但如果从各个省份出发,研究各个省份双循环的内外导向选择,可以发现不同省份之间内外循环的导向存在差异:总体来说,国内各省份经济循环以国内自循环为主体;沿海地区在2017年前以国外循环为主体,内陆地区国内循环始终占主导地位,各省份参与国内大循环导向程度的差异也在不断扩大。国内不同省份的循环导向存在区域差异,各区域之间存在分工差异(丁晓强等,2020)。

二是双循环各个循环过程的角度,其中尤其侧重于再生产过程中各个环节的研究。双循环的新发展格局与马克思的社会再生产过程本质上是一致的,以往采取的重国际循环、轻国内循环的发展模式,使得消费环境主要在国外完成,与国内企业生产的增速不匹配,造成了产业结构失衡(葛扬和尹紫翔,2021)。因此,应该依靠国内经济大循环解决这些问题,畅通生产、分配、流通、消费渠道,通过加强科技创新、提高公平与效率、建设全国统一大市场等方面建设双循环新发展格局(徐奇渊,2020)。张倩肖和李佳霖(2021)也认为要贯穿生产、分配、流通、消费再生产过程的各个环节,多管齐下畅通双循环路径,实现区域经济发展新格局。

三是供给与需求的角度，经济转向以内循环为主的新发展格局，需要供给和需求双方同时发力，增强居民消费动力，同时联动供给侧结构性改革，创新产业链（洪银兴和杨玉珍，2021）。陈彦斌（2020）认为我国之前采取的高投资、高出口的发展模式决定了中国低消费的需求结构，而这种低消费的需求结构使得经济更加依赖于外部需求，国际贸易局势的变化使得外部环境具有较多不确定性，这要求我们将实施双循环的根基放在国内循环，而加快国内循环就在于完善消费结构。但完善内需结构并不是单纯扩大内需，而是要增强市场活力。消费需求是消费能力与消费动机的统一，过去几年的发展已经增强了居民的消费能力，可是我国的高储蓄率说明过敏消费动机依然不足，背后反映的可能是社会保障体系的不健全，因此，相关部门要做好社会保障工作，不仅让居民能消费，还要敢消费，形成居民消费主导的消费结构（董志勇和李成明2020）。刘佳鑫和李莎（2021）发现数字金融在有较大融资约束的地区带来的创新效应更强，通过发展数字金融，拓宽居民消费途径，也可以提升各区域居民消费需求，助力区域经济发展。从供给出发，通过构建产业链实现双循环。师应来和周丽敏（2021）提到了确保产业链的安全稳定是实施双循环的关键因素，对内依托各区域的区域禀赋，强化区域联系，缩小区域差距，实现各区域共同发展；对外贯通"一带一路"倡议，形成以中国为核心的新的全球产业链（王娟娟，2021）。由此，在改善消费结构的基础上，提升我国的供应链和产业链，增强供给对需求的适配度，实现高质量供需的动态平衡。

四是新发展格局与区域经济发展内在联系的角度。金浩等（2014）关注中国区域发展的新格局，提出了中国区域发展的新常态：各个区域经济增速不同、经济增长的比较优势不同、经济增长能力不同，要素流动不匀更是拉大了区域间的差距，这已然成为了双循环发展中亟待疏通的堵点（李中建和王泉源，2020）。黄守宏（2021）也将优化区域布局、促进协同发展作为形成新发展格局的重要举措之一。在这一背景下，加快形成以国内大循环为主，国际循环为辅的新发展格局，要建立健全区域间的协调协商机制，使得各类生产要素在国内大市场统一流动，发挥各区域比较优势，形成更多新的经济增长极（沈坤荣和赵倩，2020）。这一过程要以均衡和高质量为导向，逐步形成区域平衡发展新格局、区域高质量发展新格局、区域城市群一体化发展新格局（张可云，2021）。孙久文和宋淮（2021）认为，都市圈作为我国区域经济发展的一个新趋势，可以疏通区域循环发展过程中的堵点，达到促进区域发展和加快双循环的作用。

五是双循环新发展格局助推区域经济发展的角度。党的十八届五中全会提出了创新、协调、绿色、开放、共享的新发展理念以求促进区域经济发展。如今是"十四五"规划的第二年，我国区域经济发展依然是一个重点问题。展望中国区域经济发展，我国西北、西南、中部、东部、东北地区面临的问题各不相同，随着"西部大开发"等政策的推行，东西差距不断缩小，南北差异日益突出，"投资不过山海关"，尤其是东北地区的萧条问题如今已然成为大循环过程中的阻力（孙久文和蒋治，2021）。范虎城（2021）基于新发展格局的背景，研究商贸流通业效率对区域经济发展的影响，研究发现其对区域经济发展的影响存在异质性，提高商贸流通业效率在促进经济增长和结构升级上对于中东部区域的作用显著高于西部区域。提升区域创新能力，培育发展新动能、优化区域产业结构，调整区域布局以及促进区域协调发展，都需要双循环为区域发展注入持续动力，同时区域经济发展又可以反推双循环（李兰冰和刘秉镰，2020）。刘秉镰（2021）适时地提出了在双循环下区域经济发展的方向，即各地区提升自身发展水平，构建区域一体化市场，构建区域一体化创新链、产业链，推动城乡融合发展，增加居民消费能力，推行区域治理新模式。

六是国内学者对双循环带动不同区域经济发展的具体研究。张欣和崔日明（2021）先从资源储量大、特色产业优势明显等现实基础分析东西部地区在双循环发展格局下的比较优势，又提出相应的短期策略和长期策略，在双循环中找到自己的区域价值定位，在"产业细分、差异定位和分类支持"的指导下形成自身稳定的产业链和供应链，带动区域经济发展。傅颖（2021）认为城乡发展不协调是内循环的短板所在，因此要健全农村的要素市场流通机制，引导城市流入带动农村产业发展。将之前仅是农村剩余劳动力流向城市的"单箭头"要素流动转为农村与城市的双向流动，缩小城市区域差距，提升内循环效果。王海杰和孔晨璐（2021）对临空经济区进行了研究，发现基于"港—产—城—制度"发展模式，临空经济不仅可以拉动本区域经济增长，还可以通过航线网络和产业链发展带动外部区域增长，即临空经济具有正的"溢出效应"，以临空经济作为国内大循环与对外开放的联动节点，助推区域经济新发展。

新发展格局是结合我国实际情况，根据国内外发展形势提出的最新战略。相关研究大多集中在对于新发展格局背后的理论阐述和路径研究上，关于新发展格局的实践探索方面的研究相对较少，且大多是聚集在临空经济区、高新区等具体区域内或城乡区域之间，关于新发展格局下西部地区、东北地区等相对欠发达区域经济发展的具体研究还有待补充。

第一节　中国区域发展格局的发展实践

本节将梳理我国区域经济发展格局的形成过程，总结我国区域经济发展模式的实践路径与演进轨迹，揭示区域经济发展格局在形成和逐步发展阶段呈现出的特征、趋势和规律，从而为未来双循环背景下区域经济发展格局的优化升级提供路径指引。

中华人民共和国成立以来，我国制定并实施了一系列国家级重大区域发展战略，按照不同阶段区域发展战略的重点，本书将我国区域发展格局的形成历程划分为以下五个阶段。

（一）区域均衡发展战略

中华人民共和国成立初期至改革开放前（1949~1978年），以毛泽东主席为首的第一代党中央领导集体从国家安全层面出发,以生产力均衡布局为导向制定了区域均衡发展战略。1956 年,毛泽东主席在中共中央政治局扩大会议上做出《论十大关系》的讲话,创造性地论述了中华人民共和国成立后重工业、轻工业及农业的关系,沿海工业和内地工业的关系,经济建设和国防建设的关系,以及中央和地方的关系等十大关系,提出了中华人民共和国成立初期符合我国实际国情的区域发展战略及配套的制度安排。在齐心协力工业化、支援西部等政策指导下,大量的生产资料、劳动力被配置到中西部地区以支援西部地区基础设施建设,为我国经济腾飞奠定了良好的工业化基础。

(二)区域非均衡发展战略

改革开放后,我国区域经济进入非均衡发展战略阶段(1978~1999 年),这一历史时期,我国国家战略逐步由"强起来"向"富起来"转变,探索建立社会主义市场经济体制,党中央提出了以实现共同富裕为目标的区域非均衡发展战略。本时期的区域非均衡发展战略表现为东部沿海地区率先对外开放,"允许一部分人先富起来"。作为我国改革开放的总设计师,邓小平提出我国社会主义现代化建设"两个大局""三步走"的战略设想,"沿海地区要加快对外开放,使这个拥有两亿人口的广大地带较快地先发展起来,从而带动内地更好地发展,这是一个事关大局的问题。内地要顾全这个大局。反过来,发展到一定的时候,又要求沿海拿出更多力量来帮助内地发展,这也是个大局。那时沿海也要服从这个大局。"① 党的十三大报告指出,"党的十一届三中全会以后,我国经济建设的战略部署大体分三步走。第一步,实现国民生产总值比 1980 年翻一番,解决人民的温饱问题。这个任务已经基本实现。第二步,到 20 世纪末,使国民生产总值再增长一倍,人民生活达到小康水平。第三步,到下个世纪中叶,人均国民生产总值达到中等发达国家水平,人民生活比较富裕,基本实现现代化。然后,在这个基础上

---

① 《邓小平文选(第三卷)》,人民出版社 1993 年版,第 277~278 页。

继续前进。"

这一区域非均衡发展战略推动经济增长的效果明显,东部沿海地区的经济发展水平不断提高,GDP 占全国的比重也持续上升。东部地区实现了先富起来,"先富"带"后富",中西部地区也平等地享受了改革开放的发展成果。

(三) 区域协调发展战略

经过改革开放四十余年的发展,"让一部分地区先富起来"的区域发展战略取得了优异的成果,随着东部沿海地区"先富起来"的目标基本实现,东部与中部、西部的发展差距也日益拉大,这种不均衡的发展为中国的经济社会发展带来了隐患,中国东部、中部、西部地区的经济增长速度差异显著拉大,区域间的工业化和城镇化水平、人均可支配收入差距也明显扩大;此外,东部、中部、西部地区在产业结构、区域综合发展水平等方面也存在很大差异。因此,"十五"计划逐步确立了"西部大开发""振兴东北老工业基地""中部崛起"等区域发展战略。

区域经济协调发展既是全球经济一体化发展的客观要求,也是中国区域经济发展方式从根本上转变的必然要求。胡锦涛指出:"促进区域协调发展,是改革开放和社会主义现代化建设的战略任务,也是全面建成小康社会、构建社会主义和谐社会的必然要求。全党全国必须从贯彻落实科学发展观、构建社会主义和谐社会的战略高度,深刻认识促进区域协调发展的重大意义。"[①] 科学发展观是新时期对邓小平理论、"三个代表"重要思想的继承和发展,深刻反映了党和人民对党的执政能力、社会主义建设规律和人类社会发展规律认识的进一步深化。

(四) 双循环背景下的区域协调发展战略

党的十九大以来,我国区域发展战略的指向性和精准化越来越明确和全面,正在推动新发展格局的形成。改革开放后的几十年,我国以劳

---

① 新华月报社:《新中国 65 年大事记(下)》,人民出版社 2014 年版,第 1274 页。

动力要素充裕的比较优势融入全球市场,"两头在外,大进大出"的出口导向性模式产生了诸如难以摆脱对发达国家的依赖、难以避免产业链上"高端失守,低端混战"的局面、难以有效启动内需等问题,双循环新发展格局是基于客观全球发展态势下供给侧结构性改革的升华(刘诗琪,2021)。区域协调发展与双循环新发展格局都建立在当前我国区域经济发展仍然不协调、不充分的基础上,区域协调发展是实现高质量内循环的重要空间策略,区域经济是国民经济的基础,是实现国家战略与奋斗目标的重要支撑。构建新发展格局,需要在加强区域协调发展的基础上着力解决区域发展中存在的难点,从而加快助力形成双循环格局。

党的十九大报告将实施区域协调发展战略上升为国家战略,国民经济第十四个五年规划也指出,要推动区域协调发展,提出了对不同区域的关注,构建区域经济发展的"四大板块"和"五大战略"。"四大板块"为西部地区、东北地区、东部地区和中部地区。当前,中国的区域协调发展战略包括推进西部大开发、加快东北老工业基地振兴、推动中部地区崛起、实现东部地区优化发展的"四大板块"总体战略。"五大战略"为京津冀协同发展、长江经济带发展、粤港澳大湾区建设、长三角一体化、黄河流域生态保护和高质量发展。既对国家整体东部、中部、西部,以及东北的整体发展格局擘画了蓝图,又指出了京津冀、长江经济带、粤港澳大湾区、长三角等重要协调区域。

第二节 中国区域发展战略的制度演进

赵祥(2021)认为,发展战略包含国家和区域两个层面的发展战略,国家层面的发展战略是明确特定时期国家整体发展的指导思想、总体目标、阶段任务和战略步骤等,为全国经济社会建设提供全面的指导;区域发展战略则是在国家战略所确定的总体发展框架内所制定实施的涉及特定国土空间经济社会建设的专项战略安排。从前面的梳理可以看到，随着国家层面发展战略的调整升级，我国区域发展战略的制度也在不断优化。

当前我国东部与西部地区的发展差距仍然明显，区域间虽然相对差距变化不大，但绝对差距却一直在扩大，区域空间格局正面临重大变化。地区间科技创新水平、基础设施水平和劳动力素质的差距使得东西发展差距更加复杂。除此之外，我国区域间发展水平的差异还体现在城乡发展的不平衡，具体主要表现在城乡居民收入差距、城乡教育差距和城乡医疗水平差距三方面。因此，新时期中国区域发展战略的构建，需要设计促进区域发展的新机制与新政策。从国家战略层面明确区域发展总体战略，区域发展失衡问题是内循环的突破口。振兴东北迫在眉睫，事关国内大循环的顺利运行。东北地区与东部发达地区的发展差距仍然是制定国家区域发展战略最主要的依据。

第三节　新时代区域经济发展的理论基础

马克思主义政治经济学中的劳动地域分工理论揭示了区域之间进行分工与合作的必要性，马克思在《资本论》中精准论断"一方面，协作可以扩大劳动的空间范围，如排水、筑堤、灌溉、开凿运河、修筑道路、铺设铁路等；另一方面，协作可以与生产规模相比相对地在空间上缩小生产领域。在劳动的作用范围扩大的同时劳动空间范围的这种缩小，会节约非生产费用，这种缩小是由劳动者的集结、不同劳动过程的靠拢和生产资料的积聚造成的。"① 劳动地域分工是社会生产力发展到一定阶段的产物，是按地域空间对人类经济活动进行的一种分工形式，分工与合作相互依存、相互给对方以保障与促进，并通过分工与合作提高效率、增进效益。其直接原因是区域之间的资源禀赋、发展基础、经济结构、生产效率等方面存在较大的差异与比较优势，其根本目的是实

---

① 马克思：《资本论》，人民出版社2004年版，第381~382页。

现优势互补，获得最佳的整体效益和个体效益。良好的区际关系必然体现为区域之间相互开放与合理的分工及合作。

新时代背景下马克思劳动地域分工思想又具备全新的理论价值，"双循环"理论继承和遵循了马克思的产业资本运动的一般规律，有利于推动形成新发展格局，是着眼中国经济中长期发展做出的重大战略部署。国内国际双循环相互促进的战略导向，既构成了中国区域发展的新背景，也是构建与完善区域协同治理体系的应有之义（胡彬，2020）。当前我国区域经济在空间维度上仍表现出东西发展差距明显、南方与北方发展不平衡和城乡发展不平衡三个特点，马克思主义经济学中的劳动地域分工理论至今仍具有时代价值，并随着我国的时代背景、经济社会发展现实而不断丰富变化，与习近平新时代中国特色社会主义经济思想中关于区域协调发展的新理念相辅相成，共同构成我国区域协调发展难题在当下最可靠、最科学的突破途径。

具体地，在空间治理方面，马克思劳动地域分工思想中注重分工平衡性的特征揭示着通过先发展起来的地区逐步带动欠发达地区的必要性，推进东部发达地区与东北地区的对口合作，有利于东北地区融入内循环发展格局，成为新时代建设现代化经济体系的重要组成部分。

第四节 新时代的区域经济协调发展

新时代促进区域发展的新机制既包括区际协同发展机制，也包括区域内部一体化机制，重点在区域对口合作机制。

在区域协同发展机制方面，我国当前协同发展的主要区域是京津冀地区。京津冀地区的协同发展作为区域发展战略中重要的一环，是未来打造新的首都经济圈、推进京畿区域发展体制机制创新的关键。未来推动京津冀协同发展的关键在于城市、交通、生态、产业等各个方面的区域协同发展创新。

在区域一体化机制方面，我国目前最成熟的发展经验是粤港澳大湾区。区域经济的一体化是包括基础设施、生产要素流动等多个层面的一体化,在党和政府的统一领导下,编制一体化的发展规划,制定相关的发展政策,实现区域内资本、技术、产权、人才、劳动力等生产要素的自由流动和优化配置。

对于重中之重的区域对口合作机制,第一,在建立地区党政主要领导定期会晤机制的基础上,进一步探索建立有组织、可操作的专项议事制度,积极推动各类经贸往来活动的开展。第二,加强政策的统一性和协调性,消除市场壁垒,规范市场秩序,形成良好的政策环境和发展条件。第三,构建精准性的区域政策体系、优化区域创新与发展平台、加强区域规划的权威性和操作性。第四,建立统一规范、层次明晰、功能精准的区域政策体系,发挥区域政策在宏观调控政策体系中的积极作用。第五,加强与财政、货币、产业、投资等政策的协调配合,突出宏观调控政策的空间属性,提高区域政策的精准性和有效性;培育区域内经济发展新动能,优化区域创新与发展平台建设。第六,进一步完善各类发展平台,包括国家级新区、综合配套改革试验区、承接产业转移示范区等具有先行先试政策优势的区域性平台,主动吸引外部合作。第七,推动不同区域对口合作时要协调各区域的利益,做好区域规划与相关规划的衔接配合,加强区域规划的权威性和操作性,不因地方政府换届而造成政策多变,保持政策连贯性。

一、新时代区域发展的主要矛盾

党的十九大报告在提出基本矛盾转化的同时,还提出了"两个没有变",要求认识到中国仍然处于社会主义初级阶段,仍然是世界最大的发展中国家。这些论断表明,尽管中国在经历了四十多年改革开放的快速发展后取得了丰硕的成果,但先进的社会主义制度与有限的社会生产水平之间的社会基本矛盾仍旧存在,中国在新时代的发展任务仍然是解放和发展生产力,使之与先进的社会主义基本制度相适应。对于中国新时代社会主要矛盾转化的研判既是划分新时代的主要依据,更是习近平新时代中国特色社会主义思想的重要创新。

新时代区域发展的主要矛盾根植于我国社会主义初级阶段面临的人民日益增长的美好生活需要和不平衡不充分的发展之间的矛盾，因此，防止区域间经济发展水平差异过大，强化区域间的沟通与对口合作是新时代区域协调发展战略的主线。

二、新时代区域协调发展的战略主线

新时代区域协调发展战略统筹于中国"五位一体"总布局和"四个全面"战略布局，新发展理念的提出则为区域发展提供了衡量尺度，也是区域发展的评价标准，是指导中国区域发展适应、把握和引领经济发展新常态的理论出路。区域发展战略是中国区域经济发展政策和产业布局的风向标，应深入实施区域重大战略、区域协调发展战略、主体功能区战略，健全区域协调发展体制机制，构建高质量发展的区域经济布局和国土空间支撑体系。

在习近平总书记的指导下，新时代区域协调发展战略基于发展不平衡、不充分与人民对美好生活追求的社会矛盾转化和经济发展减速换挡步入新常态两项重要论断，明确了所处的环境、面临的问题与挑战。新时代区域协调发展战略的内涵得到丰富，发展目标得到更新。缩小区域间发展差距不仅有利于国内经济发展质量的提升，也是中国融入世界经济发展潮流的必经之路，有利于双循环体系的形成与发展。

（一）以制度为主线

聚焦重点问题，以制度为主线，加强改革举措系统集成，打通淤点堵点，激发整体效应，促进活力和秩序的有机统一。加快构建以国内大循环为主体、国内国际双循环相互促进的新发展格局，是重塑中国经济未来发展新优势的重大战略部署，与此相适应的区域经济基本战略部署是三大区域发展战略和三大类型区。

三大区域发展战略分别是区域重大战略、区域协调发展战略和主体功能区战略，中央提出的政策方向是健全区域协调发展的体制机制、完善新型城镇化战略和构建高质量发展的国土空间布局和支撑体系。

三大类型区：一是城市化地区，基本功能是高效集聚经济和人口，把全国划成19个城市群，作为城市化地区的最主要承载地；二是农产品主产区，基本功能是为全国人民提供高质量的农产品，任务是保护基本农田和生态空间，主要范围在东部平原地区、西部绿洲地区；三是生态功能区，基本功能是生态环境保护，任务是提供生态产品，范围是在城市和农产品主产区之外，覆盖全国。

第一，协同推进经济带与经济区的发展。"十四五"规划已经明确了长江经济带和黄河生态保护与高质量发展带两个经济带，长三角一体化经济区、京津冀协同发展经济区、粤港澳大湾区、成渝经济区和辽中南经济区五个经济区。

第二，解决好资源环境的约束问题。生态环境脆弱、资源环境承载力不足等经济发展与能源资源环境的矛盾这一约束问题必须得以解决。

第三，实现区域经济一体化。区域经济一体化应该包括交通与信息一体化、制度一体化、区域与产业之间的协作以及强化经济联系与区域贸易。其中，制度一体化是比较高级的区域经济一体化，这里所说的制度是指日常生活中的制度安排，如交通一卡通、地区检疫标准、银行异地存取等。

第四，推动有效市场和有为政府更好结合。以新供给创造新需求，科技创新是核心环节。畅通国内国际双循环，也需要科技实力，以保障产业链供应链安全稳定。要尽快确立国家级科创中心目标体系，建立国家级科创中心路线图，集聚科创生态体系相关要素，系统集成配套政策；坚持用产业发展支撑国内大循环战略节点、国内国际双循环战略链接点打造；高度重视金融和资本的力量，推进产业结构转型，做强现代产业体系；把握"重点在开放"要求，围绕持续做强现有开放战略和积极争取国家新支持，提升开放水平；把握"基础在消费"要求，围绕供给侧结构性改革和需求侧管理撬动消费提质扩容；把握"先导在枢纽"要求，围绕基础设施建设和功能作用提升，全面加强枢纽建设。

（二）深入实施区域重大战略

深入实施区域重大战略是"十四五"规划提出的一个重大战略安排，主要指"五大战略"。

（1）加快推动京津冀的协同发展。在过去的5年间，京津冀城市群建设已经取得了丰硕的成果；进入"十四五"规划时期，京津冀城市群高质量发展的机遇与挑战同在，主要有几个重点任务：一是疏解非首都功能，建设通州的城市副中心；二是加快雄安新区的建设；三是巩固发展滨海新区；四是建设"轨道上的京津冀"，"十四五"规划对"轨道上的京津冀"有很详尽的项目规划。

（2）全面推动长江经济带的发展。"十四五"规划提出的全面推动战略是生态优先、绿色发展、共抓大保护、不搞大开发。在重点强调生态建设的基础上，具体提出了长江的"十年禁渔"、建设沿江铁路、建设绿色产业体系和保护文物等目标。长江经济带凭借黄金水道的独特优势，加之充裕的资本赋存、广阔的市场规模，连通东、中、西三大地带的长江经济带正日益成为优质要素的集聚洼地，对国民经济增长的贡献率已由2000年的29.31%攀升至2019年的43.34%。[①]"十四五"规则时期深入贯彻"一轴、两翼、三极、多点"的网络化空间布局方略，统筹长三角、长江中游、成渝等国家级城市群，黔中、滇中等区域性城市群，发挥对周边节点城市的扩散效应。

（3）积极稳妥推进粤港澳大湾区建设。改革开放以来，珠三角充分发挥毗邻港澳的地理优势，加深了与香港、澳门的区域合作，湾区经济初具规模。《粤港澳大湾区发展规划纲要》于2019年2月发布，明确了大湾区应以香港—深圳、广州—佛山、澳门—珠海为核心，构建极点带动、轴带支撑的高质量网络化城市群。

"十四五"规划重点强调的是深港、粤澳合作推进科技创新、实现

[①] 孙久文：《"十四五"规划与新时代区域经济发展》，http：//baijiahao.baidu.com/s?id=1701616891577639447&wfr=spider&for=pc。

交通一体化、创新要素跨境流动等。2019年，粤港澳大湾区在5.6万平方公里的城市群范围内就创造了占全国10.96%的GDP，域内11座城市的人均GDP均接近或超越10000美元的门槛，具备建成世界级城市群的巨大潜力。①为此，"十四五"时期在巩固香港、澳门、广州、深圳中心城市地位的同时，还应加强域内其他7座节点城市对各类资源的整合力度，确保城市群网络内部各城市人口规模与经济规模的同步扩容，为新时代"一国两制"的理论突破与实践创新提供新蓝本。

（4）学习长三角一体化的发展水平。长三角城市群是中国经济密度最大的区域，首位城市上海周边分布有苏锡常、杭绍甬等大城市，市域间交通路网密度极高，为同城化发展提供了现实可能性。为加速长三角城市群网络化步伐，"十四五"时期国家可将上海作为一级中心，增进上海同南京、苏州、无锡、杭州、宁波、合肥六大次级中心的经济活动往来，联动南京都市圈、苏锡常都市圈、杭州都市圈、宁波都市圈、合肥都市圈，形成"一市五圈"的网络化空间格局。长三角城市群是实现现代化的先导地区，建设自贸区、发展高端服务业、形成便捷交通网等方面都是东北地区值得学习的先进经验。

（5）扎实推进黄河流域生态保护和高质量发展。2019年9月，习近平总书记在河南召开座谈会时将黄河流域生态保护和高质量发展定位为国家战略。黄河流域由于航运之利不济，加之缺乏门户城市与枢纽城市，目前尚不具备建成网络化国家级经济带的能力。上游要注重生态保护，保护好中华水塔；中游要注重水土流失的治理，清理整顿岸线内的工业企业，实现能源资源一体化发展；全流域要优化中心城市和城市群发展格局，打造区域具有国际影响力的黄河文化旅游带。根据这个战略安排，"十四五"时期要坚持以黄河干流为依托，以西安、郑州、青岛等中心城市为节点，以中原城市群为核心增长极，携手关中平原城市群、呼包鄂榆城市群、兰西城市群和山东半岛城市群，通过开展流域水

---

① 孙久文：《"十四五"规划与新时代区域经济发展》，http://baijiahao.baidu.com/s?id=1701616891577639447&wfr=spider&for=pc。

土综合治理、壮大生态农业与循环工业等一系列举措构筑黄河生态带，辐射带动中上游陕甘宁革命老区和少数民族聚居区的振兴。

（三）深入实施区域协调发展战略

关于区域协调发展战略，具体有5个方面的内容。

（1）西部大开发。西部大开发的核心是推动西部大开发形成新格局，主要包括八个方面：一是形成区域空间新格局，从空间上进行创新，把西北地区和西南地区分开来进行规划；二是加快西部地区数字经济发展；三是推动特色产业发展；四是解决欠发达地区和低收入人口的问题，核心是实现共同富裕；五是建设中心城市与城市群，西部的国家中心城市有西安、重庆和成都，另有若干省会城市，城市群有关中、成渝、兰西、呼包鄂榆；六是加快生态文明与绿色发展；七是发展对外贸易，在"一带一路"的框架下，发展面向中亚、中东、东欧等地的陆上边境贸易；八是解决西北干旱区的水资源短缺问题。

（2）推动东北振兴取得新突破。推动东北振兴需要关注四个问题：一是机制体制问题，重点是优化营商环境；二是维护国家安全问题，包括粮食、生态、能源、产业安全；三是新产业布局问题，包括东北老工业基地的传统制造业改造以及数字经济等新技术产业的发展；四是城市群建设问题，辽中南城市群有潜力成为未来带动东北地区发展的主要增长极。

（3）促进中部地区加快崛起。中部崛起的关键在以下四点：一是加快建设中部制造业基地，打造中高端产业集群；二是积极承接新兴产业的转移；三是高标准建设内陆开放平台；四是公共服务保障和卫生安全。

（4）鼓励东部地区加快推进现代化。"十四五"规划明确提出，东部地区未来的主要任务是加快推进社会主义的现代化，具体包括以下四点：一是创新引领、率先实现高质量发展；二是打造世界先进的制造业集群；三是全方位参与国际合作；四是建立全方位开放型经济体系。

（5）支持特殊类型地区发展。特殊类型地区包括革命老区、少数民族地区、边疆地区、贫困地区、老工业基地、资源枯竭型地区和生态退化型地区七个地区。"十四五"规划对这些地区做出了具体规划：一是支持革命老区、民族地区加快发展；二是加强边疆地区建设；三是推进兴边富民、稳边固边；四是促进资源枯竭性地区、环境退化地区的转型发展；五是推动欠发达地区加快发展。

第四章

新发展格局下区域间对口合作的理论路径研究

第一节 新发展格局下区域对口合作的理论基础

一、合作基础：区域比较优势

马歇尔在产业集聚理论中较早地直接提出了区域经济空间的概念，其是在产业集聚、交易网络和社会网络等基础上形成的空间。在此之后，帕察尔、索拉、冯·赫佩尔、大卫·哈维等区域经济学和城市经济学学者从要素流动、空间禀赋与技术进步等角度出发，分析了区域间的经济合作问题。在第二章的相关理论整理与综述中，已经对区域经济合作相关的研究文献进行了回顾与总结。

在国内国际双循环背景下，科学合理的区域对口合作需要以各区域的比较优势为基础，形成平衡协调、配合有序的区域经济发展格局。区域对口合作的基础是区域比较优势，在对口合作中，不同区域特有的历史与自然环境为地区经济的发展提供了独特的动力。不同的城市由于地理、资源、人口的差异，形成了不同的经济发展形态与特色产业，这种特色差异性为对口合作工作的开展提供了基本的可行性,产业的比较优势是对口合作的重要基础。

与此同时,区域产业的发展塑造着区域的比较优势,区域的比较优势也对区域产业的选择与发展产生了深远的影响,二者存在双向作用关系。与传统的产业比较优势理念不同,在信息技术产业与现代物流产业发展的背景下,区域间发挥比较优势的具体作用机制发生了变化与转向,出现了由产业集聚到产业分散的新现象。在此背景下,区域对口合作不再仅局限于传统的区域禀赋比较优势,这种情形给一些地区发挥"后发优势"提供了一定的条件。

产业集聚一般有横向和纵向两类模式:横向模式,是指同类产业的空间集聚;而纵向模式是指企业基于供应链关联的集聚。与此相类似,区域间的经济对口合作也是以这两类模式为基础的。产业结构类似、主导产业相近、禀赋优势近似的区域之间,可以在相同的产业部门进行深入联合,形成更为强大的市场合力。产业优势互补、关联度较高、区域贸易合作密切的区域,可以利用区域间的产业联系,寻求升级产业链、优化供应链和合理配置价值链的可能。选择何种模式进行区域对口合作,需要根据在生产、贸易、流通等方面的比较优势,根据不同具体产业部门确定具体的合作模式。

二、指导理念:新发展理念

党的十九大报告指出:"发展是解决我国一切问题的基础和关键,发展必须是科学发展,必须坚定不移贯彻创新、协调、绿色、开放、共享的新发展理念。"建设现代化区域经济体系,构建双循环下的区域合作发展,需要以新发展理念为指导。与此同时,区域体系作为经济体系的组成部分,其建设过程需要与城乡、产业、要素等体系相配合,共同服务于现代化经济体系建设。新发展格局下开展区域间的对口合作需要在以新发展理念为指导的同时,关注对口合作各个省份的经济现代化体系建设的总体思路和"十四五"规划的战略设计,通过对口合作的实施与开展为现代化区域经济体系建设提供活力。

创新是发展的核心动力，也是现代产业体系构建的基础。区域经济体系与技术创新、技术转化和技术推广关系密切，产业的发展为技术进步创造供给与需求，技术转化与推广需要依靠市场化的产业渠道。在创新层面，对口合作需要通过区域经济体系的发展，畅通新技术研发到应用的全部环节，形成一个完备的区域经济创新体系。

协调强调解决发展的不平衡问题，区域对口合作建设需要注重产业部门与产业空间的平衡协调。根据产业经济学理论，现代产业发展具有明显的空间特征，不同类型的产业在集聚程度、集聚方式和集聚规模上具有较强的差异性。各个地区的资源基础、比较优势和经济环境存在差异，需要根据协调各个地区之间产业关系，优化产业布局，形成一个产业配合有序、供应流转畅通、价值分配合理的国内经济循环体系。强化区域发展"增长极"的作用，区域间产业合作需要区域中心城市的发挥先行带动作用，需要实现以区域中心城市为枢纽的辐射带动作用。

绿色关注发展的环境承载和可持续能力，对于区域经济转型升级具有重要启示。以往的粗放型工业造成了部分地区水源、生态、矿产等方面的环境压力，损害了可持续发展潜力。一方面，"碳中和"发展目标给各地区产业的绿色发展带来了机遇，中国在新能源汽车、环保产业和生态产业等方面具有巨大的发展潜力，这与"碳中和"发展目标是一致的。另一方面，资源环境约束的收紧，也要求各地区现代产业体系构建必须以低能耗高效率的产业部门为主，这是在传统制造业布局较为密集的地区迈向现代化增长过程中必须面临的重要挑战。

开放强调积极沟通区域经济发展的内外部环境，实现自身优势和外部市场的有机衔接。在"双循环"经济形势下，区域对口在立足国内市场的同时，要通过区域合作在国际市场上形成合力，提升区域在国际市场的话语权与竞争力。尤其是在传统海外市场出现由新冠肺炎疫情、经济政策、国际局势等造成的不确定性加剧时，要积极拓宽与"一带一路"沿线新兴市场国家的联系，为制造业产品出口寻求更多海外机遇，消化区域内过剩产能。同时要提升合理利用外资能力，根据各区域地缘优势，开创对口合作"外资—区域—区域间"利用外资新模式，共享高质量海外企业投资红利。

共享要求发展需要实现公平正义，现代化产业体系建设的成果需要全社会共享。对口合作中强调发达地区加大力度支持相对不发达的山区、边境地区、少数民族地区的发展，结合这些地区的情况，发展富有地区特色的绿色农业、生态产业和特色旅游业，增强后发地区的"造血能力"。将区域城乡融合发展与区域合作发展有机结合，把"产业兴旺"作为区域对口合作在城乡融合发展与农村建设的基础目标。积极培育新型农业经营主体，形成以城带乡、城乡融合的城乡产业体系。畅通区域生鲜农产品的物流链、运输链和供销链，形成供需合理的区域农业对口合作战略。

三、对口合作模式的特征

（一）政策特征：探索"双循环"背景下国内区域合作发展新模式

本次对口合作与以往的对口支援政策不同，充分体现了"国内大循环"构建的核心目的，积极发挥各区域优势，各取所需、各尽所能、各有所专，力求实现新一轮东北全面振兴与东部地区高质量发展的"双赢"局面。无论从合作的深度广度还是国家支持力度上都属于全国范围内的"第一"，对口合作方案中的诸多政策都具有创新性乃至是全国首创。研究认为，此次对口合作模式呈现出以下三个创新性特征：

一是政府合作与市场联系相配合。已有的对口合作方案政策都要求东北地区七省市与东部省市在合作的过程中要积极发挥政府引导作用。与单纯由市场自发形成的经济联系不同，对口合作模式突出了区域间的配合性和有序性，这种合作模式可以在最大限度上规避外部性补偿不清（如环境相关税费归属）、信息沟通不畅（如区域间市场规范标准不同）、区域间恶性竞争等市场经济自身缺陷对区域经济联系的负面影响。

二是整体战略与具体重点相结合。对口合作与对口支援不同，其核心在于政策引导下的市场合作，市场可持续性是对口合作的重要内容，因此对口合作自然地要发展合适的产业主体。此次对口合作的产业部门包含了现代生态农业、中高端装备制造业、现代服务业等，基本涵盖了经济发展的所有前沿领域。与此同时，每个地区各自选取了具有比较优势的产业部门进行深入合作，以区域间重点产业为核心推动点，形成了市场化合作的格局，确保了地区比较优势在对口合作中的充分发挥。

三是整体规划与因地制宜相兼顾。各地的具体实施方案充分贯彻了有关文件的精神，十分注重整体规划与顶层设计。尤其在国内大循环背景下，东北地区各个省份在"十四五"规划中，将加强与国内区域合作纳入发展规划中，体现出整体规划对于国内大循环主体构建的重视。前面提及，区域对口合作的核心动力是比较优势。当前对口合作涉及的省份已经出台了如"龙粮入粤（2018）""沈阳—北京金融街合作（2018）""辽西北承接京津冀产业"（2020）等反映地方发展需求、符合地方转型需要、发挥地方比较优势的特色项目，为区域对接提供了具体抓手。

（二）空间特征：区域协同发展三级框架

研究发现在对口合作战略实施的过程中，形成了"区域功能—城市合作—园区项目"的区域协同发展三级合作框架体系，这种空间体系有利实现以区域比较优势为基础的"国内循环"主体建设。这种空间特征，是在实践过程中形成的区域合作制度性创新，可以作为构建国内大循环主体过程中的一个可能性模式进行进一步探索。

区域功能对接是国内区域间经济合作宏观战略层面的核心诉求，区域功能的定位与对接合作领域的划定是关乎区域合作顶层设计的关键问题。将东北地区共和国工业奠基地的区域定位与东部地区经济发展的带头作用相结合，促进理念相融、信息互通、资源共享。宏观战略层面，东北地区与东部地区可以实现在"国内大循环"体系下经济社会多方面合作，以及在"国际循环"体系下区域间在国际市场上形成合力优势。

城市合作承载是对口合作工作在协作统筹层面上的具体模式，城市合作承载要求建立起跨区域城市对口合作的具体对应关系。各省份出台的合作方案中都明确了所辖市与对口合作省份所辖市之间"点对点"的合作关系，截至2018年末，合作城市覆盖了东北地区4个副省级城市、38个市地级城市（开发区），构成了完整紧密的城市合作体系。

园区项目落地是对口合作工作在具体事物层面上的贯彻落实，园区项目的顺利运行是对口合作战略推进的基础。合作方案确立了包括德清地理信息产业园、辽宁石化产业园等一批合作产业园区，引进东部地区的先进经验、管理团队，创新管理体制和运行机制。多个重大项目在产业园区内聚集，以项目实务推进对口合作工作不断深化，充分展现了"飞地经济"的优势特征。

（三）路径特征：多元路径的有机体系

对口合作结合指导理念与具体区域情况，形成了以治理路径、产业路径、创新路径和平台路径四个维度为主的有机体系。

1. 治理路径维度

对标先进经验，推进机制体制创新。在各对口合作地区的合作方案中，对口合作的第一项内容均为东北地区"对标"东部地区的"先进经验"，推进东北地区的机制体制创新。重点领域包括对标东部地区先进的行政管理体制、国企改革经验、民营经济发展经验以及两地共同推进对内对外开放、共享发展理念等。所谓"对标"即东北地区以东部地区为标准，复制或学习东部地区先进的行政管理体制和改革经验。短时间内主要是东北地区向东部地区学习，东部地区适当给予东北地区帮助和扶持。对口合作在体制机制方面的核心内容，是在区域间形成地方政府引导、区域市场配合的有序制度，优化和改善东北地区在体制机制上的不足之处。此次的合作方案在体制机制方面的目标，是引进东部地区在市场发展、政府职能、产业政策和国企管理等方面的成功经验，实现东部地区体制机制改革的成果向东北地区扩散辐射，从而增强全国整体的治理水平。国有企业改革方面鼓励东部地区企业参加东北国有企业混改，民营经济发展方面鼓励东北地区通过自身的优势项目吸引东部地区资本进行投资，鼓励发展PPP项目，允许民间资本在东北地区建立小型金融机构等。辽苏、吉浙都在合作方案中提出探索企业投资项目承诺制试点、实施市场准入负面清单制度的计划。本次合作将结合"一带一路"和"中蒙俄"经济走廊建设，着重推进东北地区和东部地区共建公路、港口等基础设施，共建对内、对外开放的平台，加强两地政、企、民间多渠道的交流融合。持续组织东北政府职能部门和企业、科研院所等到东部地区学习，形成人才交流常态化体制。组织东部地区企业"东北行"活动，将东部地区的先进经验和管理理念输送到东北地区。

2. 产业路径维度

加快以区域比较优势与全国价值循环为基础的产业布局，开展多产业部门的务实合作。东北地区应充分发挥自身优势，实现东北装备制造业与东部有效对接，在合作中实现东北装备制造业的结构调整和升级，借助东部地区在国际市场运营管理的经验，增强东北地区制造业产品开拓国际市场的能力，为东北地区部分制造业过剩产能与库存寻求国际消化渠道。鼓励东部地区与东北地区工业企业间开展研发合作，促进东北地区工业水平提升。支持东部地区的互联网、信息服务、新能源、大数据等新兴优势产业与东北地区进行合作，实现新产业在全国范围内的快速成长与扩散。鼓励东部地区电子商务平台与东北地区农业发展相结合，发展东北地区的特色农业和高端农产品加工业。发展东部地区和东北地区跨区域物流业的发展和合作，鼓励两地金融资本合规开展业务，大力推进东北地区生产服务业发展。另外，合作方案对两地的文旅产业也进行了规划，鼓励东北地区深入挖掘旅游资源，通过增开两地间旅游运输通道等方式拉动东北地区旅游业发展。

3. 技术路径维度

形成良性科研分工与人才流动系统，提升东北地区"研发—产品—商业化"的创新转化能力。两地间的科技发展水平和人才资源存在着不容忽视的差距，合作方案鼓励两地间加强科技研发合作从而带动东北地区科技发展，通过开展跨区域的科技研发和成果转化、东北地区复制东部地区关于科技成果的管理方法改善目前东北地区科技成果转化能力差的问题。引导两地区间的高校和科研院所之间进行多种形式的学术交流活动，如合作办学、跨校修读、共办峰会、柔性引才等区域间技术与人才的交流活动。

4. 平台路径维度

搭建合作平台载体，促进要素良性流动。两地在自贸区、创新改革试验区、国家级新区、综合保税区等功能区的建设方面加强合作，鼓励东北地区积极学习东部园区建设的成功经验。建议东部地区的多种功能园区在东北建立分园，通过"产业园区"层面的联动，促进对口合作在微观空间的实现。加强两地城市间合作，引导东北地区在城市转型、棚户区改造、特色小镇建设和产城融合方面学习借鉴东部地区的先进经验。常态化两地间的智库交流，开展合作论坛，共享资源交易平台。借由东部地区发达的电子商务平台，通过两地间互联互通建设，帮助东北地区实现更宽方位的招商引资。两地间的合作涉及经济生活的多个领域，随着对口合作的逐渐推行，对口省市之间要开展多方位、多形式的合作项目。

第二节　新发展格局下东北地区全面振兴的机遇挑战

习近平总书记多次赴东北考察，对新时代东北振兴进行了重要论述。在新时代推动东北全面振兴座谈会上，习总书记指出："努力走出一条高质量发展、可持续振兴的新路子，奋力谱写东北全面振兴新篇章。"[1] 这突出了东北地区发展在新时代中国区域间平衡协调高质量发展中的重要作用。新时代的东北振兴是全区域、全领域的振兴。全区域

---

[1] 中华人民共和国中央人民政府网：《习近平总书记赴黑龙江考察并主持召开新时代推动东北全面振兴座谈会纪实》，http://www.gov.cn/yaowen/liebiao/202309/content_6903135.htm。

振兴指辽宁、吉林和黑龙江等东北全部区域；全领域振兴指既要覆盖政治、经济、文化、社会、生态文明等主要工作领域，也要覆盖经济社会发展工作的各个方面。东北地区要紧紧把握新发展格局的契机，将东北全面振兴与新发展格局有机结合，在构建新发展格局中要充分利用自身实体经济厚重、资源禀赋充裕等优势重构产业链供应链，让老工业基地在依赖能源、资源以及相关重化工业效益谋求发展的基础上寻求成本、市场、安全等多因素系统全面发展，参与全国范围内的商品生产与产业分工，以补齐产业链工业链的关键环节，促使形成以内需主导下长期稳定的产业链供应链。

中华人民共和国成立初期，东北地区是我国经济建设的重镇，为我国工业体系完善起到了巨大的推动作用。改革开放以来，东北地区经济形势持续下行，产业结构不合理、转型困难以及营商环境难以改善等问题始终困扰着东三省的经济发展。目前，在构建国内国际双循环新发展格局的大背景下，东北地区如何结合既有底蕴与当前国内大循环主体所需，转变思路、摒弃传统观念实现转型升级，积极融入新一轮发展浪潮中来，是东北地区在"战疫"中实现变"危"为"机"的重要保证。

首先，东北地区可以通过"新基建"迅速融入新发展格局构建中来。新基建是国内国外双循环发展格局的重要组成部分，5G网络、大数据中心、人工智能等高端产业是构建双循环新发展格局的核心。一方面，东北地区在"新基建"相关领域具有较为成熟的技术基础与研发优势。东北地区高校及科研机构众多，在工程技术、绿色环境、金属冶炼和材料工艺等领域具有较强的研发实力。在高校方面，东北地区拥有258所高校，覆盖所有学科门类，具有完善成熟的各类高质量人才培育能力。在科研机构方面，中国科学院和中国工程学院在沈阳、大连、长春、哈尔滨四个东北主要城市都拥有分支机构，主要研究领域涵盖自动化、电化学、高分子物理等极具应用价值的工程学科，与东北地区制造业基础较为协调。在成果转化方面，仅沈阳分院系统就拥有企业45家，其中包括新松机器人此类处于行业领先地位的高端制造业企业（李振国等，2019）。另一方面，东北地区具有丰富的自然资源，能够为新基建战略相关研发的开展提供较为有效的资源与空间支持。新基建需要大量的土地空间和能源资源，而东北地区能够很好地为其提供保证。

其次，国内国际双循环的新发展格局为东北地区的产业链转型升级带来新的机遇。东北地区常常被称为老工业基地，事实上，"老工业基地"说明东北地区的工业体系建立时间早、成熟早，并不代表东北地区的工业属于夕阳产业、属于国家现阶段经济发展不再需要的产业。恰恰相反，东北地区的主导产业一直是国家经济发展与转型升级必需的产业支撑，如装备制造业、汽车产业、新能源产业和机器人产业等现代经济的关键部门。新发展格局下，东北地区在国内循环与国际循环中都存在一定的战略机遇。内需是东北地区产业转型升级、产业链重构的重要推动力，也是东北地区适应内外部条件、环境变化动态调整的重要保障。面对新冠肺炎疫情冲击以及不断变化的国际环境，东北地区只有形成高质量、特色性的产业链，才能真正融入新发展格局，抓住新一轮的国家发展红利，完成快速的经济复苏与高质量的区域全面振兴。对此，东北地区要准确把握国内市场变化，精准对接内需要求，充分利用自身比较优势，按照内需要求进行创新产品设计和产业链优化。

最后，新发展格局为东北地区农业现代化水平和粮食生产能力的进一步提升带来了新的机遇。2020年，突如其来的新冠肺炎疫情给整个国内、国际社会带来了巨大冲击，农业生产是国际、国内遭受冲击最为严重的领域之一，多个产业链条受损甚至面临断链的危机。保证粮食安全始终是我国坚持不变的国家重大战略方针，东北地区作为我国最主要的粮食生产区和粮食储备区，其农业现代化发展对稳定经济生活、保障农民权益、维护粮食安全都具有十分重大的战略意义。基于此，东北地区作为我国粮食的主产区，新发展格局下抓住机遇势在必行。除了粮食生产、技术创新外还要考虑冷藏冷库、冷链物流业，要坚持开放、坚持创新，在"双循环"新发展格局下推动东北农业长效、健康发展。

不可否认的是，新发展格局下东北地区的全面振兴依旧存在着重重挑战。

首先，东北地区思想观念陈旧，现代化管理模式欠缺。一方面，在东北，无论是制造业企业间的关系还是企业内部员工的关系，都存在着个人关系大于合同规制的"人情社会"现象，以社会关系网络为基础的不利于现代市场发挥作用的非正式组织与非正式制度仍然存在。企业间关系上，制造业国企的供货商往往是国企管理层亲属所开办的民营企业，有些甚至存在着国企管理层直系亲属参股的现象，这导致了制造业国企的产业链上游被管理层亲属所垄断。企业内部员工关系上，往往出现了以血缘、同学、战友、师徒关系为基础的非正式组织，非正式组织内的成员会在企业的人事调动、薪资待遇等方面形成互相关照的关系，形成了企业内部的既得利益团体。另一方面，东北地区拥有一批绝对规模较大的企业，但是企业的运营管理能力和资金使用效率较东部发达地区存在一定差距。资金运营方面，虽然东北地区企业整体资金密集，但是由于现代化企业建设不完全等问题，东北企业往往面临着资金不能有效转化为资本、现金流时间维度波动较大、流动性风险偶有发生的现象，制约着企业资金使用效率的提升。研发管理方面，东北地区大部分企业在技术研发能力和成果转化能力上面临不足。技术研发能力上，东北三省只有如东软集团、新松机器人、长春一汽、华晨宝马等少数大型国企、大型民营企业、外资企业设有产品研发实验室，多数中小型民企没有技术研发机构，而国企的研发机构多数长期停滞，没有实际的研发工作。

其次，体制机制改革系统性不足制约了东北振兴与新发展格局有效结合。东北地区的体制机制问题一直被广为诟病，尤其是营商环境问题亟待解决。新一轮全面振兴东北老工业基地战略实施以后，东北地区加快改革步伐、加大改革力度，营商环境明显改善，经济形势也逐渐好转。《东北主要城市营商环境（DBN-10）评估报告2018》中显示，东北主要城市的营商环境显著改善，其中沈阳和大连的获得投资能力已经超过西安和郑州。但是东北地区国企主导型制造业集群的改革压力仍然很大，集群目前的核心问题依旧是体制机制问题，改革是解决一系列问题的根本手段。对于东北地区国企主导型制造业集群体制而言，改革的系统性不足是主要障碍。东北地区经济、政治体制改革力度较大，着力打造世界级营商环境，但是社会、文化等领域的改革仍然处于落后或者停滞状态,与经济、政治体制改革的进程有所不一致。东北地区经济体制改革和政治体制改革已经取得重要成就,主要城市为打造国际化营商环境,政府相关部门已经基本实现让企业"只进一扇门,最多跑一趟"。以沈阳市沈河区政务服务中心为例,该部门为了节省企业时间,主动提出"上门帮办"。辽宁省是中国第一个出台地方性事业单位机构改革整体性方案的地区,辽宁省明确要求将67家省直属经营性事业单位转企改制,659家省直属公益性事业单位整合为65家,目的在于释放政府与事业单位的改革活力与办事效率。与此同时,诸多问题依旧存在,比如部分经济体制改革只停留在政策层面,缺乏相关法律法规支撑,政策的持续性难以保证;事业单位转企改以后基本上都是国有企业,部分单位甚至只是更改了头衔,经营效益难以保证。

再次,东北地区技术创新在持续能力、产业结合能力和市场转化能力较为薄弱,技术对东北经济增长的拉力不足。随着经济社会的不断发展,科学技术的不断革新,东北地区大部分企业出现了"大而不强"的现象,其主要从事一些低技术含量、低附加值的产品生产,或者模仿其他创新产品,缺乏自主创新能力。在技术层面,消费者已经不再满足于简单的基础功能需求,消费需求正在朝着高科技化、个性化、多元化方向发展。但是,东北地区企业生产的产品却大多缺乏创新性,同类产品形式内容趋同,山寨盗版严重,导致产业同质化竞争,没有发挥集群效应等。人才层面,东北地区人才培养能力与人才吸引能力存在结构性失衡,人才培养能力较强但是无法转化为本地区科技人才,导致企业无法招到适合的人才与产业相关学生缺乏就业机会的双向困难。

最后,各类市场活力不足使得东北振兴政策尚未取得明显效果。在劳动力市场方面,人才培养机制与人才吸引能力之间存在矛盾。东北地区人才培养机制成熟、各级教育机构众多、教育体系完善、义务教育普及高,是全国人口文化水平较高的地区之一。根据第六次人口普查的数据显示,截至2010年全国每10万人拥有大专及以上学历人口数为8930人,而这一指标在辽宁、吉林、黑龙江分别为11965人、9890人和9067人,分别是全国平均水平的133.98%、110.75%和101.53%,东北地区人才培养状况领先全国。但是与人才培养状况构成鲜明对比的是东北地区对人才的吸引力持续减弱。在产品交易市场方面，东北地区国企众多，某些国企过去在行业中长期处于垄断地位，缺乏创新意识与竞争动力，生产设备、技术、工艺老化。企业管理上，"官本位"思想遗留明显，技术骨干、优秀工人得不到提拔，老员工亲属"走后门"晋升现象明显，企业凝聚力丧失。以机床制造业为例，沈阳机床曾经是世界上规模最大的机床生产厂商，但主要产品至今仍然是中低档数控机床，目标市场主体为我国中东部传统产业国企，随着我国传统产业的转型升级，沈阳机床生产的产品已经不能适应市场需求，企业在2015年与2016年两年内亏损达到20亿元，经营艰难。在金融市场方面，受东北地区经济宏观环境影响，东北企业上市速度缓慢。2015～2017年，全国共有886家企业在A股市场上市，但是注册地在东北地区的企业每年分别只有7家、3家与4家，占比不足全国的2%，远远落后于东部地区。广东、浙江、江苏三省仅在2017年的上市数量便超过200家，是东北地区三年上市公司数量总和的十倍以上。[①] 随着东北经济表现的持续低迷，加之"投资不过山海关"的观念宣传，从上市审批层到投资银行纷纷对东北企业上市项目失去信任，甚至在投行业内出现了"不接东北项目"的说法。

第三节 新发展格局下东部地区高质量发展的机遇挑战

改革开放后，东南沿海地区经济随着外向型经济的发展快速崛起，区域经济进入了持续的高增长阶段，时至今日，东部地区已经形成了产业、技术、人才、资金等方面的区域比较优势。与此同时，东部地区在全国范围内机制体制先进程度、高新技术发展水平、金融环境等都处于

---

① 资料来源于Wind数据库，部分指标由笔者计算整理。

领先地位。

新发展格局的提出与转变对我国经济社会发展带来了深远影响，新发展格局下各个地区的功能定位、循环模式、产业重点和发展目标均存在差异，新发展格局对不同地区的机遇挑战也不尽相同。相较而言，新发展格局的转变对中部地区和非外贸型企业的影响相对较小，但对于东部沿海地区的影响最为明显。东部地区作为我国经济发展、技术创新、体制改革的先驱者和排头兵，更应该在新发展格局构建中发挥引导作用与推动作用，必须在新发展格局中主动应对、积极作为，巩固和增强东部地区国内国际双循环发展能力。同样地，面对新发展格局东部地区如何进一步实现高质量发展，维持在全国乃至全世界范围内的经济增长高活力与强吸引力，仍然是东部地区在新发展格局下所需要承担的重要战略任务。

首先，东部地区有着独特的人才优势、技术优势，能够迅速占领新发展格局构建的核心要素。一方面，东部地区能够吸引大量的人才聚集。东部地区汇集了大量世界一流高校和研究机构，其中国内排名前二十的高校绝大部分集中在东部地区。此外，东部地区对我国其他地区有着明显的人才"虹吸"作用，尤其是东南沿海地区，恒大研究院研究数据显示，2019年东部地区人才净流入占总人口比重为5.8%，在全国四大区域内是唯一人才净流入的区域，这说明东部地区的人才吸纳能力仍然处于高位。大量的人才聚集为创新经济发展奠定了人力资本基础，为东部地区经济高质量发展提供了优质的人才供给和科技供给，可以集中资源解决我国关键技术领域的"卡脖子"问题，推动我国国内大循环主体的技术安全性以及在国际循环开拓过程中的竞争能力。另一方面，东部地区有着合理的产业结构以及大量的技术储备，产业类别齐全。因此，东部地区可以根据自身资源禀赋与技术优势，将优势产业、创新要素、体制保障有机结合起来，使创新链与产业链高度融合，打造世界级现代产业制造高地，更好地服务于国内国际双循环。

其次，东部地区科技创新体系完善，科技创新成效显著，以国内国际双循环新发展格局为契机，打通支撑科技强国的全流程创新链条。东部地区对于科技创新有着相对完善的配套体系，包括科技人才引进、科技型中小企业培育、科技成果转化等政策体系，加快科技资源与资本、人力的有机结合。此外，东部地区对于科技创新的投入力度远远高于我国其他地区。以长三角为例，2011～2019年长三角研发经费保持快速增长，R&D从2011年的1886.39亿元上升至2019年的4647.57亿元，增速达146.37%，且R&D经费的增速普遍高于GDP增速。同时，规模以上工业企业R&D项目数也在稳步增长，2019年长三角地区的R&D项目数高达233176项。① 东部地区要充分利用自身优势，抓住新发展格局的契机，做到补短板、强弱项、激活力，对不同类型的创新活动进行差异化的扶持与引导，打通支撑科技强国的全流程创新链条。

最后，东部地区基础设施互联互通，一体化水平较高，要以新发展格局为契机打造我国经济高质量发展的新增长极和新引擎。东部地区的基础设施相对完善，各省份之间基本实现了互联互通，网络化的交通运输体系不断健全，交通干线的密度较高。在新发展格局的大背景下，东部地区要充分利用一体化的优势，进一步强化"大都市圈""城市群"在东部地区经济发展中的核心作用。长三角、珠三角是我国最主要的城市集群，其中长三角地区已经成为世界级的城市集群，对于我国经济社会发展具有举足轻重的作用。因此，东部地区要立足全局，科学规划城市圈建设，优化资源配置，合理安排产业结构，形成以超级大城市、都市圈、世界级城市集群多重嵌套、相互配合的新格局。

与此同时，东部地区在新发展格局下面临着深化改革和实现高质量发展的压力与挑战。一方面，东部地区仍然存在着以"行政区划分"为特征的市场分割，区域内和区域间的省际贸易、要素沟通和区域一体化建设仍然存在问题。东部地区大多经济发展程度较高，各自有着独立的产业体系与政策环境，不同的区域间在标准、规范和政策等方面尚未统一，地方保护主义在短期内难以完全消除，商品、资金、劳动力等统一要素市场尚未形成，市场分割导致资本、人力等要素难以自由流动，

---

① 笔者根据《浙江省统计年鉴》《江苏省统计年鉴》《上海市统计年鉴》数据计算整理。

区域创新溢出过程受阻；另一方面，逆全球化趋势加剧，单边主义盛行，使得东部地区大部分外贸企业转型困难。目前，经济全球化进程受阻，甚至出现逆全球化现象，部分国家纷纷采取贸易保护政策，导致一些在华投资企业回归或外迁。劳动力和大宗原材料成本的上升也使得本土外贸型企业出口困难，产品失去国际竞争力。此外。随着新冠肺炎疫情在全球各地蔓延，部分国家处于停工停产状态，海外需求严重下滑，大量出口订单被取消或推迟，出口型企业生存困难，并且其打入国内市场还需要一定的时间和扶持。

第四节　东北地区与东部地区开展对口合作的可行性

随着新发展格局的提出与推进，东北地区与东部地区开展对口合作也进入了一个全新的阶段。在此背景下，二者之间的合作也体现出很强的可行性。

首先，东北地区与东部地区在区域经济基础方面具有一定的互补优势。一是东北地区拥有较强的中间产品和机械产品生产基础，能够为东部制造业的发展提供工业供应。二是东北地区自然资源丰富，能够通过国内循环体系为全国的工业发展提供原料保障。东北地区水资源丰富，截至2017年，地表径流总量约为1500亿吨；矿产资源丰富且种类齐全，已发现矿种120余类，已探明总量的100余种，其中储量占全国前三位的有45余种，石油、煤炭、天然气、油页岩等战略性能源资源在全国保有量位居前列。[①] 三是科研基础强。四是地理优势明显，东北地区在面向东北亚、日韩和俄罗斯远东地区开拓国际循环的过程中，建设"冰上丝绸之路""草原丝绸之路"空间格局具有地缘优势。同样地，东部地区也有着明显的比较优势：一是体制机制优势，东部地区市场化

---

① 资料来源于《中国自然资源年鉴》。

程度、对外开放度高,思想观念先进,政府职能相对优化,体制机制创新始终走在全国前列。例如,浙江省通过推进政务标准化、多平台共享信息、多部门联合办公等方式,形成了整体性政府的改革模式。二是资金优势,东部地区经济实力和人均可支配收入均位于全国前列,2019 年,我国 GDP 超过 1 万亿元的城市一共有 17 座,东部沿海占据 10 座;2020 年上半年人均 GDP20 强中,除了资源型城市鄂尔多斯、克拉玛依以及首都北京和长沙之外,其余城市全部都在东部沿海地区。[①] 三是东北地区民营经济历史基础雄厚,是全国民营企业成长和创新发展最具活力的地区。民营经济发展的情况,不仅决定了宏观经济绩效,还决定了我国地区间差异,全国各地基本形成了"民营经济强则经济实力强,民营经济弱则经济实力弱"的局面。在 2020 年民营企业 500 强榜单中,东部地区有 388 家企业入围,其中浙江、江苏和广东的入围企业分别达到 96 家、90 家和 58 家,均处于全国前列。这些省份都是对口合作政策覆盖的省份,有利于实现民营企业先进经验向东北地区辐射扩散。

其次,开展对口合作的东部地区与东北地区在产业结构上具有极强的配合潜力,能够形成以产业链、供应链和价值链为联系的国内产业循环体系。在资源方面,东北地区资源丰富,具有良好的石油资源、矿产资源以及土地资源,而东部地区资源相对匮乏,但其有着先进的体制机制与技术能力,二者能够合作共建资源开发利用平台。在粮食产业、食品加工业与绿色生鲜等产业部门,东北地区与东部地区具有广阔的合作空间。例如,黑龙江省和广东省分别是全国最大的粮食调出省和全国最大的粮食调入省,两者在国内粮食供需端都具有重要的市场地区,通过对口合作可以在促进粮食产业发展的同时保障国内粮食市场平稳。在交通优势方面,东北地区陆地交通设施十分发达,并凭借自身区位优势建立了跨境的交通连接网络,而东部地区对外开放程度较高,海运、空运设施完善,东南沿海省份在面向港澳台地区以及东南亚地区的开放过程

---

① 笔者根据《中国城市年鉴》以及部分地区统计年鉴计算整理。

中具有优良的海运通道优势，而东北地区在沟通欧洲、东北亚与日韩等国家时具有地缘优势，二者之间还存在交通优势的互补性。制造业发展层面，东北地区制造业转型升级的战略需求与东部地区打造新兴增长极的产业要求之间，具有较强的互补性。现代服务层面，东北地区与东部地区在科技服务业、乡村旅游、医疗康养等服务业全产业部门都存在着较为巨大的合作潜力。

最后，东部地区与东北地区的产业梯度差、企业梯度差，这为二者对口合作奠定了基础。发达地区省份在与其他地区的合作中会带来一定的正外部作用，通过创新溢出、资金进入、技术转移等，实现对其他地区发展的带动。东部地区产业结构高级化特征明显，高端制造业和第三产业已经成为区域经济增长的主要推动力，而东北地区仍然处在转型升级过程中，经济减速换挡提升质量的阶段性特征较为明显，需要在保持结构合理性的同时促进产业高级化。从这一点上看，两区域确实存在经济发展的梯度差。

现实中，东北地区和东部地区在过去的对口合作过程中也实现了一些以产业梯度为基础的区域对口合作。例如，南京市与鞍山市、盐城市与阜新市、南通市与辽阳市在军工、环保和机械等制造业部门的合作，体现了东部市场需求与东北制造业基础的结合；又如连云港与营口、无锡与盘锦在现代物流业的合作，能够促进各地之间的要素与产品循环，助力现代国内流通体系的建设。在企业层面，东北地区国有企业缺乏先进的管理经验，而东部地区国有企业运行效果良好，有着丰富的体制改革与现代化管理经验。因此，在对口合作工作中，东部地区国企充分发挥其运营管理经验，积极参与东北地区国企的重组工作。东北特钢等三家东北国企已出台方案，由东部地区国企以入股、并购、合作等模式参与企业改革重组工作。与此同时，大连、哈尔滨、吉林等省份分别派出国企主要负责人员赴东部同行业国企学习先进管理经验，培养企业经营管理能力，盘活东北国企优质资源。

第五节 东北地区与东部地区开展对口合作的必要性

"加快形成以国内大循环为主体、国内国际双循环相互促进的新发展格局",这是以习近平同志为核心的党中央针对我国发展阶段、环境、条件变化提出的科学总结。新发展格局与东北振兴具有历史任务的一致性,新发展格局为东北振兴带来了新的机遇与导向,东北振兴也是构建新发展格局不可或缺的一部分。

新发展格局下的国内大循环主体建设对区域经济合作发展提供了更为广阔的空间。从要素流动的微观角度来看,"以国内大循环为主体"要求国内形成统一大市场,资本、人力、技术、信息等生产要素能够自由流动,实现国内大市场背景下生产要素的高效配置与优化布局。生产是国民经济循环的起点,生产要素的自由流动是保证生产环节稳定运行的关键所在。另外,流通体系在国民经济循环中发挥着基础性作用,中央财经委员会第八次会议强调,构建新发展格局,必须形成沟通顺畅、合理有序、周转高效的现代流通体系。生产要素的自由流动以及现代流通体系的建设对区域间的合作模式与合作质量提出了更高的要求,必须摒弃陈旧观念,打通行政壁垒,真正做到顾全大局、深入合作、诚意合作。从产业布局的中观角度来看,"以国内大循环为主体"要求区域之间进行合作的时候要以国内大市场为前提合理优化产业布局。东北地区与东部地区之间开展的对口合作同样契合了新发展格局提出的产业布局新要求,比如东北地区充分利用自身资源、地理优势,继续发展粮食、农产品加工等产业,为东部地区居民生活需求提供保障。东部地区利用体制机制、技术创新等优势,进一步发展服务业、高新技术产业,与东北地区装备制造业、原材料产业深入合作。从战略设计的宏观角度来看,各地区在进行战略规划与产业部署时,必须顾全大局、相互配合,在中央的统一部署与统筹协调下,根据自身资源禀赋与产业优势,共同制定服务于新发展格局的战略设计与发展目标。对口合作则是具有中国特色的一项重要政策，并在实践中不断完善和修正，已经成为一种中国特色社会主义区域发展机制，在中央权威的统一协调下，开展对口合作的地区将区域合作发展列为本地区战略规划的重要部分，通过区域合作激发国内区域间经济循环长期运行的市场活力与内生动力。

东北地区与东部地区开展对口合作是有效市场和有效政府的有机结合。对口合作机制不同于传统的对口支援制度以及自发的合作机制，是有机结合政府战略布局和市场运行机制的新模式。传统的对口支援是一种明确的政治任务，实质是非地理相邻地区之间资源、技术、人才的无偿转移，必须按照政治任务的方式与程序推动。"一方有难，八方支援"是我国优良传统，但是简单的对口支援只能在短期内取得较好的效果，而无法保证长期的经济发展。对口支援仅仅强调政治任务与政府作用，忽略了市场的基础性作用，难以激发被支援地区经济发展的内生动力。纯市场的自发合作行为可以很大程度上实现互惠互利，合作双方为追求利益最大化确定合作关系，这种合作行为效率较高，通常情况下经济回报也十分可观。市场自发形成的合作机制在现实运行中仍面临着由市场经济本身缺陷所带来的一些问题：第一，由于行政边界的存在，地方间的市场合作往往面临着政策制度、区域文化和地理因素造成的"隐性边界"，这种边界在不相邻的地区更为明显，阻碍着国内大市场的畅通；第二，经济实力相差较大的地区难以自发形成合作关系，合作过程中无法实现平等的分享合作成果，参与收益分配；第三，纯市场化的合作机制只是单纯地追求利益，并不能以大局为重，无法服务于国内大市场。而对口合作机制有效解决了上述问题，在传统的对口支援与纯市场化的自发合作之间找到了平衡点，通过干部互派、合作平台共建、人才联合培养、企业相互入驻等途径，真正做到统筹协调、互利共赢、服务大局。

第五章

新发展格局下东北地区与东部地区对口合作基础条件研究

第一节 东北地区与东部地区对口合作基础条件评价模型构建

一、指标体系构建的原则

评价对口合作的基础条件是一个复杂的过程,东北地区与东部地区对口合作工作涉及各个方面,对其基础条件的评价也不应只着眼于经济建设这一方面,而是应该注重基础条件中的各个方面乃至各个方面的交互效应。为了全面立体地反映东北地区与东部地区对口合作工作中存在的问题与未来发展的方向,我们需要在科学的规则上选取指标、建立实证分析模型,这就要求指标选择要更复杂、更严格。在构建指标体系与评价模型时,需要依托以下五个统一的原则。

(一)科学性与导向性相统一

评价模型的构建以区域发展理论、产业集群理论、比较制度分析理论等作为理论基础,结合东北地区与东部地区经济社会发展实际情况,力求系统地描绘对口合作经济社会发展的作用机制。为保证评价模型与政策执行情况相一致,指标的选取首先要确保科学性,即不能违背经济体制的运行规律,不能扭曲地方经济发展的实际情况,避免指标选择的盲目性和不真实性。

评价模型建立的意义不仅是为了评价基础条件情况,更重要的是通过对基础条件的评价分析,发现对口合作参与地区的优势劣势、寻找政策执行过程中的经验问题、发掘对口合作工作的未来走向,从而为今后对口合作工作的进一步开展做出科学指导。因此,模型构建在保证科学性的前提下要侧重导向性,根据地方经济社会发展趋势与对口合作工作重点来选取指标,对区域协同发展工作进行正确引导。

(二) 全面性与代表性相统一

东北地区与东部地区对口合作的领域涵盖了区域发展的各个方面,经济社会发展的所有影响因素基本都被包含其中。具体到实际工作中,对口合作影响因素众多且作用机制复杂,从自然资源、基础设施、文化理念、生活保障等因素都有着十分突出的作用。因此,在指标的选取上不能遗漏关键因素,指标体系与评价模型要做到全面综合。

需要注意的是,全面并非全部,评价范围全面并不是意味着评价指标"漫灌式"选择、毫无重点。在评价对口合作绩效的实际工作中,同一内容可能有着不同方面的反映指标,一个优秀的指标体系需要从中选取最能反映实情、最稳定可靠、最具代表性的指标。选择指标应当做到代表性和针对性,并且保证指标之间的相关系数不能过高,避免出现模型无法识别的状况。通过评价模型的实证分析结构,将每个领域中影响对口合作工作开展的关键因素尽可能地发掘出来,为后续工作的展开提供帮助。

1. 动态性与静态性相统一

东北地区与东部地区对口合作是一项长期的工作,政策执行产生效果也并非一蹴而就,因此需要对工作的基础条件进行长期稳定的测评监督。我们要把对口合作工作放在整个新一轮东北振兴与东部地区继续发展的战略进程中进行评价，注重政策执行的长期效应，从而做出符合区域长期发展的科学预测与决策。因此，我们在模型构建时注重选取了时效性强、可持续观测、能够反映地区经济社会发展态势的指标，尽可能地保证了评建模型的动态性。

对口合作评价模型指标的选取还要兼顾静态性，区域发展理论将地区的发展划分为不同阶段，区域发展的各个阶段中，每一个发展阶段都有着各自相对稳定的特征，因此在选择指标的时候要考虑到指标的静态性。通过动态性与静态性二者结合制定的指标体系，不仅可以对区域发展现状与政策执行情况进行评价，也可以对相关地区未来发展的趋势进行预测和规划。

2. 相关性和可行性相统一

评价指标体系构建并不是把所有指标简单罗列加总，而是在一定理论基础与现实情况的基础上，将各个评价指标进行组合调整，建立起充分反映对口合作绩效的有机整体。这就要求指标的选择不能带有主观随意性，也就是说不能泛泛地选取不存在实际关联，不具备实际意义的指标。相关性是建立指标体系的一个重要原则，应在众多指标当中选取与评价目的相关性最强且代表性最高的指标，以避免对指标体系建立产生影响。

指标体系的建立是为了进行统计应用与实证分析，是否可以对数据进行操作是关乎评价模型能否具有实际价值的重大问题。具体而言，可行性的内涵包括选取的指标是否具有现实意义、指标数据是否易于得到或者处理、指标处理方法是否简单明了等。基于相关性和可行性建立的对口合作绩效评价指标体系，可以增强评价指标体系的现实实用性，为实际绩效评估与对口合作方案的后续修订提供便利。

3. 针对性和简明性相统一

东北地区与东部对口合作地区各自具有地方特色的主导产业、发展方式与比较优势，对于对口合作基础条件的评价，不能建立一套泛泛的、毫无突出、不能反映地方特色的指标体系。指标选择应当做到能够因地制宜，充分反映地方经济社会发展问题。只有在选取指标的时候有所针对,才能真正做到对症下药。

与此同时,指标体系建立的目的是实现对东北地区与东部地区对口合作基础条件以及政策绩效的定量化评价。指标体系的构建要去冗存简,一个简明的指标体系既能使制定者能够更加方便地进行指标处理,也能增强指标体系应用者的可操作性。基于此,制造业集群评价体系能够对当地制造业集群的培育机制提供针对且简明的对策建议。

二、指标体系说明与变量选取

本书根据党中央、国务院关于东北地区与东部地区对口合作的文件精神与方案内容,结合东北地区与东部地区对口合作的工作实情,从体制机制、合作平台、产业升级、科技创新与其他成果五个方面,建立指标体系,选取包含政府投资、国有企业占比、市场结构、合作项目在内的 28 个指标,建立对东北地区与东部地区省市对口合作基础条件分析评价的指标体系,并对指标选取的理论依据与现实意义进行说明,具体指标体系如表 5-1 所示。进一步地,在指标体系的基础上,建立东北地区与东部地区对口合作基础条件评价模型。

表 5-1　东北地区与东部地区对口合作基础条件评价指标体系

目标层 (一级指标)	判断层 (二级指标)	指标层 (三级指标)
东北地区与东部地区对口合作基础条件指标评价体系	体制机制改革	政府投资额 国有企业占比 财政支出 地区民间投资额 干部挂职互派数量(厅处级以上) 结对城市数(市地级)
	合作平台建设	人均铁路营业里程 人均公路里程 人均光缆线路长度 人均电能消费量 合作协议签订数

续表

目标层 （一级指标）	判断层 （二级指标）	指标层 （三级指标）
东北地区与东部地区对口合作基础条件指标评价体系	产业转型升级	地区生产总值 产品进出口总额 适龄劳动人口数 工人人均工资 第二产业增加值 经贸项目签订数 第三产业增加值
	科技创新转化	每万人大学生数 普通高等院校数 高校及科研机构副高级职称人数 人均 R&D 经费 人均专利申请量
	其他合作成果	污染治理完成项目投资额 主要能源生产量 基本养老保险人数 基本医疗保险人数 互联网普及率

用于东北地区与东部地区对口合作评价模型的指标体系分为目标层、判断层和指标层三个层次。其中，目标层为东北地区与东部地区对口合作基础条件指标评价，是评价模型建立的出发点与最终目标；判断层是根据合作方案政策提出的四个工作重点进行设计。此外，为了保证评价模型能够更为全面地反映对口合作工作的运行状况与发展需求，加入了"其他合作成果"用于反映工作重点尚未提及或隐含在工作重点中的必要因素。

（一）体制机制改革

体制机制建设落后是过去阻碍东北地区发展的重要问题，体制机制问题可以分解为政治体制和市场机制两个方面。政府投资额、财政支出额、民间投资额和国有企业占比能够很好地反映地区在体制机制方面的水平和效率。与此同时，东北地区行政机构效率低下也是此次对口合作要解决的重要问题之一，为了深入学习东部省份的行政管理经验，合作方案设计了干部互派挂职制度、城市结对合作等方式解决这一问题，因此，研究通过厅处级（含）以上干部互派人数与市地级结对城市数来反映政治体制方面的合作基础。

（二）合作平台建设

合作平台建设的目标是建立"功能区—合作园区—项目平台"的区域协同发展合作平台体系。为了反映东北地区与东部地区合作平台建设基础状况，研究选取了人均铁路、公路交通里程数代表区域基础设施与合作平台物质基础的指标；选取人均光缆线长度与人均电能消费量反映合作园区建设的重要物质前提条件；选取对口合作区域合作协议签订数来评估微观合作项目的落实情况，从宏观到微观全面具体地反映与评价东北地区与东部地区对口合作平台建设的运行环境与工作现状。

（三）产业转型升级

区域的发展需要强有力的支柱产业，新一轮东北振兴从根本上来说是东北地区产业的振兴，研究认为这种产业的振兴包含两个层面的内容：一是东北拥有雄厚基础的制造业转型升级，向着中高端的方向发展；二是东北地区的农业、服务业等第一产业和第三产业迸发出更多的发展活力。对口合作方案从这两个内容出发，提出了包含制造业、新兴产业、生产性服务业、现代农业等产业部门的合作方案。为了更为科学清晰地反映合作方案的内容，研究选取地区生产总值、产品进出口总额和适龄劳动人口数反映产业升级的基础条件与整体环境；制造业是东北地区拥有传统比较优势的重点合作领域，研究通过第二产业增加值和工人人均工资水平对东北制造业的振兴状况进行测度；通过第三产业增加值与对口合作地区经贸协议签订数来评价对口合作对于东北地区产业升级的促进作用。

（四）科技创新转化

东北地区与东部地区对口合作在科技创新方面的工作目标是共促科技成果转化，提升创业创新水平。研究将科技创新能力分解为科技研发能力与科技成果转化能力两个维度，以每万人大学生数、普通高等院校数和高校及科研机构副高级职称人数反映科学技术的研发能力；以人均R&D经费、人均专利申请量两个指标反映科技成果转化能力，以此来分析说明东北地区与东部地区在科学技术与创业创新方面进行对口合作的可行性与必要性。

（五）其他合作成果

为了保证评价模型能够更为全面地反映对口合作工作的运行状况与发展需求，指标体系还引入了其他合作成果一项，用于反映与对口合作工作开展关系密切、对区域协同发展有较大影响的自然与社会因素。通过污染治理完成项目投资额、主要能源生产量两个指标来反映东北地区与东部地区协同发展的自然承载力与对生态环境的影响；选取基本养老保险人数与基本医疗保险人数说明社会保障体系在维持区域间人才合理流动的重要意义；通过互联网普及率反映社会创新的软环境。

三、东北地区与东部地区对口合作基础条件评价模型

基于东北地区与东部地区对口合作基础条件指标评价体系，下面分四个过程进行构建东北地区与东部地区对口合作基础条件评价体系数学模型：第一步，对数据进行标准化处理；第二步，采用熵权法确定评判指标的权重；第三步，建立数学模型对合作工作基础条件进行量化评价；第四步，对评价结果分数进行百分化简便处理。

（一）数据的标准化处理

在进行权重计算以前，需要将指标数据进行无量纲化处理，本书采

用的是 Z-score 处理法。该方法将指标数据转化为均值为 0，方差为 1 的一组数集，无量纲化的数值有正、负值，正值则表示该指标的原始数据高于平均值，负值则表示原始数据低于平均值。其具体步骤为：

对选择的指标体系计算各个变量 x_{ij} 的数学期望 μ_i 与标准差 S_i，其中：

$$\mu_i = \frac{\sum_{i=1}^{n} x_{ij}}{n} \tag{5.1}$$

$$S_i = \sqrt{\frac{1}{n}\sum_{i=1}^{n}(x_{ij}-\mu_i)} \tag{5.2}$$

进一步地，得到标准化的变量值 Z_{ij}，其计算公式为：

$$Z_{ij} = \frac{x_{ij}-\mu_i}{S_i} \tag{5.3}$$

需要注意的是运用熵值法确定权重必须要求各指标的数值均大于 0，针对此问题目前学术界普遍采用的方法是平移化处理，因为平移单位的大小会影响到指标权重的确定，相关研究表明平移值的大小应该尽可能地接近于该指标的最小值。考量到数据的精确程度，研究将平移的数值确定为每项指标的最小值加 0.0001。

（二）指标的权重的确定

指标权重为各级指标在指标评价体系中对评价目标所起作用的大小程度。考虑到对口合作工作的特殊性与国内相关工作的首创性因素，本书选择国际上比较常用的熵值法来确定各指标的权重。

熵值法的计算方法与步骤如下：

在一个传递渠道中传输的第 i 个信号的信息量 I_i 是：

$$I_i = -\ln p_i \tag{5.4}$$

式（5.4）中，p_i 是信号出现概率，当有 n 个信号时，其出现的概率分别为 $p_1, p_2, \cdots, p_n$，则这 n 个信号的平均信息量，即熵为：

$$-\sum_{i=1}^{n} p_i \ln p_i \tag{5.5}$$

下面用熵值法计算指标权系数。

设 $x_{ij}(i=1, 2, \cdots, n; j=1, 2, \cdots, m)$ 为第 j 个系统中的第 i 项指标的观测数据。对于给定的 i，x_{ij} 的差异越大，对被评价对象的影响就越大，包含的信息越多。具体步骤如下：

首先，计算第 j 项指标下，第 i 个被评价对象的特征比重：

$$p_{ij} = \frac{x_{ij}}{\sum_{j=1}^{m} x_{ij}} \quad (5.6)$$

这里假定 $x_{ij} \geq 0$，且 $\sum_{j=1}^{m} x_{ij} > 0$。

其次，计算第 i 项指标的熵值：

$$e_i = -k \sum_{j=1}^{m} p_{ij} \ln p_{ij} \quad (5.7)$$

其中：$k > 0$，$e_i > 0$。

再次，计算指标 x_i 的差异性系数。对于给定的 i，x_i 的差异越小，则 e_i 越大；当 x_{ij} 全都相等时，$e_i = e_{max} = 1(k = 1/\ln m)$，此时对于被评价对象间的比较，指标 x_{ij} 毫无作用；当 x_{ij} 差异越大，e_i 越小，指标对于被评价对象的比较作用越大。

最后，确定权重 w_i，即取：

$$w_i = \frac{g_i}{\sum_{i=1}^{m} g_i} \quad (5.8)$$

权重确定之后，接下来就是东北地区与东部地区对口合作绩效评价的数学定量模型，用来计算对口合作的相关地区在五个工作方向上的绩效评价得分。评价得分越高，表明该地区在对口合作这一领域中工作绩效突出或者具有比较优势。具体的对口合作绩效评价模型为：

$$Y = \sum_{j=1}^{m} \sum_{i=1}^{n} x_{ij} w_{ij} \quad (5.9)$$

$$Y_i = \sum_{j=1}^{m} x_{ij} w_{ij} \quad (5.10)$$

其中，Y 为东北地区与东部地区对口合作绩效评价综合得分，Y_i 是第 i 个要素指标的评价得分，x_{ij} 是第 i 个要素指标第 j 项基础层指标的标准化数值，w_{ij} 为该基础层指标的权重。

（三）评价结果百分化简便处理

为了更为直观地表现对口合作各省市重点工作推进的基础条件状况，以便决策者能够更为方便地使用和理解评价模型，研究对评价结果得分进行了百分化处理。处理方法为将每项评分最高的指数设为 100，该项其他指数为本项得分与最高得分作商再乘以 100，最后得到的所有得分都位于 0~100。

依据东北地区与东部地区对口合作绩效评价的数学模型，能够对对口合作工作开展基础条件与现实状况进行评价，根据获得的各地区综合评价得分就能够对东北地区与东部对口合作地区进行定量判断、地区比较、归因分析，研究各个地区在对口合作中的比较优势与存在问题，为进一步完善对口合作方案、推动对口合作工作开展、了解对口合作工作未来走向提供科学严密的依据。

第二节 东北地区与东部地区开展对口合作基础条件分析

本节在评价模型的基础上，通过可获得的最新数据对相关地区情况进行评价打分，并通过得分说明开展对口合作的基础条件、绩效现状与未来发展方向；同时根据现实情况修正评价模型，建立起今后评价模型修正改进的原则与方法，以保证评价模型的长期真实性与有效性。由于数据的可获得性，东北地区四市（沈阳、大连、哈尔滨、长春）的数据缺失过多，为保证评价模型的真实性与有效性，因此不对这四个副省级城市进行单独评价，而是评价其所在省份得分状况，其余评价方式方法与前面所述一致。

一、评价模型运行结果分析

经过模型计算,最终得到对口合作各省份2017年评价得分状况如表5-2、表5-3所示。

表5-2 东北三省与东部省份对口合作基础条件评价得分

判断领域	辽宁	江苏	吉林	浙江	黑龙江	广东
体制机制改革	46.32	89.10	49.77	70.05	52.42	100.00
合作平台建设	72.77	80.96	45.10	100.00	22.99	46.76
产业转型升级	17.79	75.29	7.30	48.79	16.67	100.00
科技创新转化	45.99	100.00	27.30	67.75	30.58	72.13
其他合作成果	42.66	69.15	15.49	68.13	30.16	100.00
总分	41.51	81.71	27.23	67.94	30.21	87.62

表5-3 东部四市对口合作基础条件评价得分

判断领域	北京	上海	天津	深圳
体制机制改革	100.00	56.62	32.93	83.05
合作平台建设	74.07	100.00	73.26	37.11
产业转型升级	99.52	100.00	31.80	70.91
科技创新转化	67.44	45.96	55.78	100.00
其他合作成果	58.96	100.00	29.30	80.00
总分	83.58	82.47	41.57	72.49

整体情况上看,对口合作工作现状呈现出"东北地区整体处于弱势,特定领域具有比较优势"的特征。东北三省评价得分均低于对口合作省份评价得分,说明对口合作工作具有高度的必要性,且东北地区的合作过程中更多处于弱势与被支援的地位;但是东北地区在某些特定指

标上的得分与东部对口合作地区相近甚至高于东部对口合作地区，表明在特定领域的对口合作工作中，东北地区具有比较优势。

二、对口合作基础条件及问题比较评价

为了反映对口合作的成效与问题，研究还选取了对口合作方案实施前一年的数据作为对照组，以两年之间评价分差的变化来反映对口合作的成效与问题。一般而言，由于两年之间的数据均值和方差不同，直接对比纵向绝对得分的方式在统计意义上不够强烈。因此在对绝对得分进行分析的同时，更为科学的比较方法是与对照组相比，对口合作省份之间的分差缩小则说明对口合作取得了成效，反之则说明合作身份差距拉大，对口合作工作存在问题。对口合作实施前一年（2016年）各地区评价得分如表5-4、表5-5所示。

表5-4　　　　东北三省与东部省份对照组评价得分

判断领域	辽宁	江苏	吉林	浙江	黑龙江	广东
体制机制改革	40.70	76.21	32.77	62.15	40.68	100.00
合作平台建设	58.08	89.19	21.17	100.00	19.98	100.00
产业转型升级	26.64	82.74	6.13	51.77	8.29	53.43
科技创新转化	47.42	100.00	26.46	67.49	31.28	100.00
其他合作成果	39.66	65.70	18.55	70.14	29.53	69.66
总分	40.14	81.62	19.71	67.35	24.64	80.94

表5-5　　　　　东部四市对照组评价得分

判断领域	北京	上海	天津	深圳
体制机制改革	100.00	70.04	41.15	95.49
合作平台建设	59.67	100.00	71.79	53.25
产业转型升级	83.33	100.00	37.21	65.91

续表

判断领域	北京	上海	天津	深圳
科技创新转化	70.82	47.59	56.89	100.00
其他合作成果	66.26	77.58	65.83	100.00
总分	78.44	81.62	51.63	81.73

绝对分值方面，绝大多数对口合作地区的总体评分都呈现出上升趋势，表明对口合作确实促进了对口地区的经济社会发展，取得了一定的成效。其中，合作平台得分大幅度上升，表明对口合作工作呈现出一个从无到有、逐渐深入的过程。但是值得注意的是，东北地区在产业转型这一领域出现了得分下降，表明对口合作在东北地区的产业发展上存在着较为严重的问题，下面将会进行详细重点的分析。此外，天津市的总体得分出现了大幅度下滑，也从侧面证实了天津市在对口合作中存在着受东北地区经济下行风险的负面影响，应引起警惕。

相对分差方面，将对照组得分与评价模型结果进行一阶差分，发现除了黑龙江外，各地区总体分差有所缩小，表明对口合作起到了预期效果，带动了东北经济走出下行趋势，逐步缩小与东部发达地区的差距。在包含人口、资源、环境与社会保障等因素的其他成果评价单项上，东北地区与东部地区分差拉大，表明东北地区在这些方面的发展仍然存在较大的问题，需要继续学习东部地区先进经验，推进生态环境建设与社会建设。其余单项分差变化情况各不相同，其反应的成效与问题也存在差异，将在下面进行详细分析。

三、评价模型后续修正原则与方法

（一）基础指标层指标的添加、删除与替换

当指标体系中所选取指标不足以反映对口合作工作实际运行情况时，可以考虑添加新的基础层指标，新选取的指标应具备以下特征：第

一，新添加指标应与所属判断层、目标层指标直接相关。第二，新添加指标应具有代表性，能够较为清晰突出地反映对口合作工作中某一方面或某几方面的运行情况。第三，所添加指标应至少拥有三年的观测数据，且数据统计口径在相关地区一致，统计工作稳定。当指标体系中已经选取的指标与当前区域对口合作工作开展实际情况脱节，或不符合第二章第一节中所提及的各项原则时，可以考虑对基础层指标进行删除与替换。

基础层指标在添加、替换与删除时，应当充分征求指标体系设计者、对口合作地区政府参与人员与相关专家学者的意见，达成一致后方可执行。对基础层指标进行修改后，按照修改后的指标体系进行计算的模型应进行至少一年的测试，并与原指标体系对比，比较新旧指标体系的评价效果，择优使用。

（二）判断层指标的修改

本指标体系是按照具体省份对口合作文件的工作重点进行设计的，主要体现了当前东北地区与东部地区对口合作工作的重点内容。当对口合作工作重点因新问题、新环境、新需求而发生改变时，应根据新的工作重点建立新的判断层指标，并及时选取相应的基础层指标，以保证评价指标体系的与时俱进。对判断层指标进行修改前，应征得各级合作机构的广泛同意，并且详细说明建立新判断层指标的理论与现实依据，保障指标体系变化的科学性。

（三）评价数学模型的修正与完善

目前所选取的评价模型为社会经济统计领域较为成熟、应用广泛的评价模型，评价步骤经过了严格的理论论证与实践检验，兼具科学性与可行性，一般情况下不宜轻易做出大范围的变动，以免造成评价标准的不一致性。

研究认为，当出现以下情况时，可以考虑对评价数学模型进行修正与完善：第一，评价模型被理论研究证明存在严重争议或漏洞，从数理层面对数据情况产生了歪曲。第二，评价模型运行结果与对口合作工作中的实际情况极不相符，误差过大，不能如实反映对口合作工作的运行情况，阻碍着绩效评价的进展。第三，出现更为科学简便的新型评价模型时，可以从技术性的角度考虑对现有模型进行升级替换。对数学模型的修正与替换应召开专门的讨论会议，邀请包含模型设计者与模型使用者在内的各方充分讨论，各方意见达成一致后方可执行。对评价数学模型进行修改后，按照修改后的数学模型应进行至少三年的测试，并与原模型相对比，比较新旧数学模型的评价效果，择优使用。

第三节 东北地区与东部地区对口合作已取得的绩效成效

一、体制机制领域成效分析

此次对口合作的重要目的之一就是通过合作解决东北政府工作中不适应区域发展的重大体制问题，提升政府的行政效率；消除东北市场运行中阻碍资源配置的关键机制因素，提升资源配置效率。对口合作在"政府引导、市场运作"原则的指导下，对口合作相关各方通力合作，体制机制状况在政府工作方法、干部工作作风、国有企业改革、民营企业发展等方面取得了显著的改善。

（一）"放管服"改革深入推进

简政放权、放管结合是全面提升东北地区政府工作效率的有效路径，也是东部地区政府运行效率提升的重要经验。东北地区在学习东部地区"放管服"工作经验的基础上，积极探索提升本地政府工作效率的行政体制改革路径。

辽宁省在学习江苏省"三级四统"的基础上，进一步推出"三级五统"行政管理模式。充分借鉴江苏省"多规合一""多图联审"等新模式,制定《关于优化全省投资审批服务的指导意见》,进一步简化了辽宁省的投资审批流程,为提高投资运作效率创造了更好的条件。大连市将对口合作工作与自贸区建设相结合,推出了自贸区相关审批事项"绿色通道"政策,以自贸区管理服务为突破口,推进大连国际航运中心、金融中心建设。

吉林省深入学习借鉴浙江省"最多跑一次"的改革成功经验,2018年初即印发了《全面推进"只跑一次"改革实施方案》,将相关审批事项全部集中于一个办事大厅内。长春市结合本地发展需求,积极吸取天津在城市建设与管理方面的先进经验,在市场监管、行政审批、综合执法等方面推出了一系列改革措施;积极推进天津滨海新区、中国(天津)自由贸易试验区等成熟的改革试点经验在长春复制推广,带动营商环境不断优化。

黑龙江省十分重视"放管服"改革在基层推进工作,将"组织一次'放管服'改革经验交流"作为市地级全面结对工作"五个一"的重点内容。哈尔滨市结合其临近俄罗斯这一地理条件,学习前海蛇口片区在行政审批、贸易自由化、投资便利化等方面的经验做法,助力哈尔滨新区对外开放窗口建设工作。

(二)干部挂职互派制度基本建立

干部互派是改善政府官员工作观念、加深对合作工作理解最快速的途径之一。根据笔者统计整理,东北地区政府在合作方案的指导下,组织相关人员第一时间赴东部地区学习政府服务经验。2017~2018年,双方互派厅处级以上干部挂职规模超过50人次。

在干部互派的过程中,吉林省与浙江省的做法取得了更为显著的成效,值得推广与借鉴。首先,挂职干部覆盖市地级,提高了干部挂职工作的深度。笔者根据对口合作相关方案整理,2017~2018年吉林省与浙江省各层级干部互派挂职数量达到40名,基本覆盖了对口合作所有市地级单位的重要部门。其次,大规模开展干部专题培训,扩展了干部挂职工作的广度。2017~2018年吉林赴浙江举办培训班51期，培训各级干部2618人次，涵盖了各个工作部门的专业工作人员，提高了干部思想交流的广泛性。最后，开展重大工作专项帮扶工作，切实增强政府工作人员专业工作能力。宁波市与延边州将对口合作与脱贫攻坚工作相结合，两市18个县区建立了对口扶贫工作协作关系。

（三）国有企业活力进一步释放

东北地区国有企业拥有大量优质资产，但是由于经营管理不善，部分国企亏损严重，亟待破产重组。对口合作工作中，东部地区应发挥其在现代化企业建设方面的优势，对东北地区国企改革工作进行必要的经验支持，实现东北地区优质国有资源的有效盘活。

在允许国有资本参与国企改革的同时，积极引导东部地区优秀民营企业参与国企混改，在引入资金的同时引入更为先进的企业管理模式，提高了企业的生产能力与盈利能力，使国有企业通过改革焕发活力。辽宁、哈尔滨两省相关单位分别赴江苏与深圳开展专门推介会，重点介绍当地优质的PPP项目与混改融资项目，获得了当地民间企业的广泛关注，部分混改项目已经进入合同商定阶段。

（四）营商环境改善成效显著

民营企业发展不足始终是东北地区市场发展难以突破的瓶颈之一，以此次对口合作为契机，东北各地政府积极开展招商活动，从改善营商环境入手，东北地区学习对标东部地区民营经济政策机制，制定出台了关于保护民营企业合法权益的一系列方案，吸引东部地区优质民营企业于东北投资兴业。

东北多地组织了"上海企业大连行""江苏企业辽宁行"等活动，邀请东部地区企业家到东北考察项目，展示东北地区在尊重民企市场地位工作中的改善，破除部分企业家"投资不过山海关"的固有看法。同时，东北地区也鼓励本地企业走出东北，开拓东部地区市场，提升企业在全国范围内的竞争力与影响力。以大连与上海市对口合作为例，笔者根据相关新闻统计，在对口合作开展一年间，大连在邀请上海参加夏季达沃斯论坛、国际工博会等在大连本地举办的大型活动的同时，组织本地企业参加上海举办的首届科创园区博览会、国际机床展等展会活动8项，两地共确定合作项目57项。东北地区对民营企业"引进来"与"走出去"双向推动的效果十分显著，截至2017年，据笔者不完全统计，东北地区与东部地区民营企业签订投资合作意向协议数目超过500个。

二、产业转型领域成效分析

东北振兴与东部的继续发展离不开强有力产业的支撑，尤其是在当前宏观经济增速放缓、国际贸易自由化受到挑战、科技竞争日趋激烈的背景下，产业转型升级成为区域发展的现实需求。东北地区作为老工业基地，在制造业方面具有强大的资源优势与深厚的历史底蕴；东部地区作为我国改革开放战略的排头兵，在高新技术产业、金融业与互联网业等具有明显优势。通过对口合作工作，东北地区与东部地区发挥各自产业优势，在制造业转型、新兴产业发展、金融业改革、现代农业进步、旅游服务业升级等方面取得了显著成效。

（一）制造业全产业合作打造"产业航母"

制造业是东北地区最具有优势的产业，也是与东部地区合作程度最深、产业部门覆盖最全、联合效应体现最明显的产业之一。

第一，合作深入制造业产品从研发、生产到销售全过程。以新能源汽车产业为例，2016~2017年一年的时间内，北汽、格力与中能东道三家新能源汽车生产企业纷纷布局东北，建立智能汽车产业园区。以产业园为基础，将在东北地区打造覆盖新能源汽车研发、设计、生产、销售全产业链的新能源汽车产业集群。

第二，合作范围覆盖制造业产业部门，基本涵盖了当前制造业发展的所有前沿部门，合作范围广度不断提高。对口合作充分利用东北地区汽车产业、装备制造业的优势，将制造业领域作为对口合作工作的核心重点，各省地区共有超过 800 家制造业企业参与对口合作项目；促成了华晨集团、天赐福生物、长光卫星等一系列东北地区与东部地区优秀制造业企业的强强联合，合作项目涉及机械、能源、冶金、化工等制造业主要领域。

第三，强强联合共建制造业示范或者行业标准，合力发展取得良好开局。上下游企业沟通方面，东北地区多家企业与东部地区制造业设备用户直接对接，形成了覆盖产业上下游的供求体系。行业标准共建方面，辽阳市与南通市将利用各自优势，探索形成国家级制造业合作行业标准。

(二) 新兴产业合作发展势头迅猛

对口合作各地区将产业转型升级的重点聚焦于战略新兴产业，发挥双方比较优势，在创新合作与产业融合方面取得了良好开局。对口合作工作开展以来，东部地区行业龙头企业与东北地区在智能制造、航空航天等新兴产业方面进行了深度对接。在合作政策的指导下，对口合作各地区出台了东部支持东北新兴产业培育发展的三年行动计划，确立了今后对口合作新兴产业的发展方向。

智能制造方面，沈阳新松机器人、启明信息、东软熙康等在国内具有竞争力的智能设备提供商与阿里巴巴等在人工智能技术上具有优势的国内巨头开展合作，强强联合形成了协同效应。新材料与新能源方面，吉林化纤与浙江精功共建的大丝束碳纤维生产线已完成一期工程，全面建成后可保证年产量 8000 吨，产量全国领先；中化集团化工新材料科技中试基地落户沈阳，计划探索包括石墨烯产业化在内的多种新材料应用技术。生物医药方面，辽宁省与江苏省达成协议，江苏医药龙头企业——江苏天赐福生物工程有限公司将整体搬迁至辽宁，通过与本溪、大连、沈阳等城市的生物医药产业基础相结合，实现生物医药领域的突破。航空航天方面，民用航空与军民融合成为该产业部门的发展趋势，吉林长光公司凭借其卫星遥感领域优势，与德清市国家地理信息产业园签订了总额为 3000 万的服务协议；中国航信东北研发基地、中国航天科技集团有限公司与沈阳军民融合技术转移中心等军民融合项目已经动工。现代物流业合作方面，阿里集团、京东集团等互联网巨头已经开始对沈阳、长春、哈尔滨三市进行布局。

（三）优质金融业援助助力产业升级

研究中发现，近几年东北企业融资过程中存在着一个恶性循环：经济走势的疲弱导致银行等金融机构资金不够充足，大多数企业（尤其是制造业企业）难以获得足够额度的融资以用于企业转型，企业经营状况的不佳乃至出现违约状况，进一步加剧了东北经济的困境，银行进一步收缩信贷规模，企业获得贷款更加困难……为了解决这一问题，对口合作前后积极引入外部优质金融企业，为东北地区面临资金困境的优质企业进行"输血"。

政策制定层面，2016年11月，国务院就发布政策要求对于资金暂时吃紧的优质东北大企业，要与有关机构协调，缓解其资金压力；针对符合条件、盈利能力良好、经营状况优秀的东北企业，应在首次公开发行股票审批中给予优先支持。进一步地，证监会于2017年12月发布消息，表明将在遵守发行程序、保证审核质量的前提下，继续支持东北地区企业优先IPO，为东北地区准备上市的企业带来了利好消息。2018年公布的对口合作方案中，也出台了一系列鼓励东部地区优质金融机构在东北地区设立分支开展业务的指示。

落地执行层面，平安银行、广州基金、粤科金融集团、北京银行等一系列实力雄厚的东部金融企业纷纷入驻东北，以满足东北地区发展融资需求。北京出台了北京金融街全面对接沈阳金融商贸开发区的政策，支持北京金融机构在沈阳设立东北地区后台总部，加强金融园区区域间的联系。深圳与哈尔滨的对口合作方案中明确提及，深交所在审核排序等方面提供政策便利，积极鼓励哈尔滨当地优质企业赴深交所上市融资。

（四）"互联网＋农业"推进农业现代化进程

东北地区特别是黑龙江与吉林一直是中国的农业大省，但是由于供销体制、物流网络、市场信息等方面的缺陷,东北地区的优质农产品一直在市场中处于劣势。对口合作应充分利用东部地区互联网产业比较发达这一优势,迎合"互联网+农业"这一市场风口,推进农业现代化进程。

供销体系建设上,对口合作工作中"龙粮入粤""供浙猪"等重要农产品跨区域供应项目开展情况较好,东北地区农业生产对全国粮食安全保障的积极作用发挥显著。沈阳部分食品加工业与六必居等食品加工企业签订了长期合作协议,探索东北地区农产品深加工新模式。

电商巨头深入农村扩展业务,极大地拓宽了农村市场影响与生产信息渠道,改变了以往的农业营销方式,对东北农村的生产与生活产生了重要影响。据不完全统计,东北地区共有12县400多个村开展了农村电商服务合作建设项目,吉林、黑龙江一万多家特色农产品销售企业通过阿里集团建立了电商销售平台,东北地区农村网络零售额平均增长30%。其中较为成功的案例是吉林大米电商平台建设在对口合作开展期间所取得的成效,吉林与阿里巴巴集团签署大米电商营销合作协议,联合吉林22家农业企业开通吉林大米天猫官方专营店,并在浙江建成线下店铺30个。

(五)旅游服务业成为对口合作产业新亮点

近年来,随着经济的发展与居民可支配收入的持续提高,居民消费结构也向着高级化方向发展,居民对旅游服务业的需求与日俱增。东北地区与东部地区自然条件与社会人文条件差异较大,这为跨区域间旅游业的成长提供了巨大的优势条件。各地区根据自身的自然资源、社会文化资源状况,因地制宜地开发了具有地方特色的旅游产品,如吉林利用其冬季自然条件,于2017年冬季在浙江发布了"吉林冰雪令",吸引浙江游客体验吉林冰雪风情;黑龙江与广东充分利用两省自然气候的互补优势,联合开发了"寒来暑往·南来北往"旅游项目,"候鸟"旅居推介会等活动。这一系列项目提升了对合作地区游客的吸引力,快速发展的区域间旅游业已成为对口合作的新亮点。

三、科技创新领域成效分析

（一）科技研发转化合作机制建立

在全国范围内，东北地区与东部地区的科研能力都处于领先地位，都是高校与科研机构密度较高的地区，以中国科学院为例，在中国科学院12所地方分院中，对口合作覆盖地区就拥有中国科学院北京分院、中国科学院沈阳分院等6所地方分院，研究内容基本涵盖了所有科学技术发展主流前沿领域。对口合作各方充分利用这一优势，从增强知识产权保护力度、优化科技成果转换流程、强化协同研究平台建设等方面入手，建立起更有利于区域科技成果转换合作的机制。

第一，强化知识产权保护方面，北京与沈阳、大连与上海开展了加强知识产权合作专项工作，在技术交易登记、管理等方面给予两地科研机构与企业便利，相互借鉴在知识技术产权产业化方面的先进经验做法。

第二，扶持科研成果转化方面，鼓励合作各方高等院校、科研机构加强科技研发合作，对重大项目进行跨区域攻关工作；推动科技金融合作，共同探索科技金融促进成果转化新模式。扶持工作取得了显著的成效，例如辽宁省抚顺市与江苏省徐州市结对打造科技研发与转化合作标杆。

第三，研究平台共建方面，合作各方共同搭建科技人才交流合作平台和信息资源共享平台。北京大学、东北大学、浙江大学、中科院（沈阳）等国内知名高校与科研机构与各自对口合作地区的政府、企业签订了三（多）方协议，计划设立高新技术开发园区，共同开发东北科技大市场。

（二）人才联合培养势头良好

对口合作在人才联合培养领域主要包含两个方面的工作，一是促进高等人才交流，二是提升职业技能人才工作技能，经过合作各方一年的努力，人才培养发展势头良好。

一方面，高等院校交流合作加深，高校人才交流方式得到创新。沈阳医学院、首都医科大学、北京大学附属第一医院三方达成合作意向，在学术科研合作、师资队伍建设、人才实习实践等方面展开合作，培养高水平医疗人才；北京大学、中山大学、南京大学等东部地区"双一流"高校纷纷在2017招生计划中增加了东北地区生源份额，为东北地区优质生源创造更好的发展机会。

另一方面，东北制造业的发展需要大批职业人才，对口合作瞄准了这一需求，鼓励两地职业教育院校（含技工院校）开展广泛合作。吉林省、黑龙江省以《职业教育东西协作行动计划（2016—2020年）》为基础，与东部省份展开合作，共同培养专业技能人才，推动教育信息化合作。辽宁省根据本省产业转型需求，推进沈阳职业技术学院与北京工业职业技术学院、北京电子科技学院、北京财贸职业学院等高职院校签署战略合作协议，着力为中高端制造业发展培养高质量专业技能型人才。

（三）创业创新氛围日趋热烈

自东北政府向"投资不过山海关"宣战以来，营商环境明显改善，东部资本进入东北投资兴业的意愿增强。各个合作方案中都明确出台规定，鼓励对口合作地区相关企业通过线上创业创新公共服务平台，加强线上创业创新服务资源合作交流。

辽宁在政府层面改善营商环境的同时，主动引入东部地区较为先进的创业企业服务企业进入本地，以改善本地创业创新生态格局。例如，沈阳市有关领导亲自考察中关村创业大街，与创业孵化行业龙头企业创业黑马达成协议，在沈阳建立创业黑马学院沈阳分院，为辽宁本地中小企业家与创业者提供与北京无差异的创业创新培训体系。

吉林多管齐下推进本省创业创新工作。开展创业创新经营交流活动，对在浙江取得成功的创业创新经验在吉林省进行推广，积极宣传创业创新典型案例，活跃本省创业创新氛围。加快推进"双创"示范基地建设，重点推进阿里巴巴集团旗下的创业创新服务组织与吉林省"双创"平台开展技术合作或建立分支机构。

黑龙江与广东开展形式多样、内容丰富的创业创新合作项目，取得了良好的成效。第一，举办了多场省级创业创新论坛，加强创业企业、孵化平台和创业者之间的交流合作；第二，利用黑龙江工业区位优势，支持黑龙江省哈大齐工业走廊培育创建国家自主创新示范区；第三，开展如青年创新创业大赛、创业辅导师队伍等创业创新活动，活跃本省创新氛围，为创业创新工作培养储备人才。

（四）人力资源合作取得进展

东北地区与东部地区在人力资本发展上进行合作，一方面，有效地缓解了东北高端人才与技术人才短缺的现状。东北地区政府及多家国有企业出台了东部地区高端人才挂职待遇标准，增强东北地区的人才吸引力，如沈阳市出台高端人才落户政策，为硕博士学位获得者或拥有专业技能的人才提供落户"绿色通道"，并给予一定的安家费与住房补贴。与此同时，东部地区加大了对人才支援东北地区的鼓励力度。北京出台政策，鼓励支持北京博士后进驻沈阳企业博士后工作站，提升了北京高端人才服务东北地区的热情，2017年一年内，根据课题调研走访，共有13位博士同沈阳市用人单位达成任职意向。此外，除引进专职人才外，东北地区还积极推动高水平人才的兼职待遇，充分利用人力资本的溢出效应。吉林省出台东部地区人才挂职吸引方案，对在吉林进行挂职的高端人才给予生活补贴与优惠待遇，引进岑可法院士及其科研团队等高端科技人才在吉林相关单位进行工作。

另一方面，东部地区也利用其企业众多、市场广阔、就业机会多的优势，为东北地区人才进入东部地区工作提供更为便捷的渠道。根据调研，辽宁、江苏两省的人力资源部门通力合作，共同举办了两场辽宁·江苏人才对口合作招聘大会，达成就业意向2000余人；2017年11月，江苏部分企事业单位分别在哈尔滨工业大学、吉林大学、东北大学等高校与举办"江苏发展推介会"，推介江苏经济社会发展情况和人才政策，并在东北大学、黑龙江大学设立引才联络站，进一步推动东北地区优秀人才进入东部地区工作发展。

四、平台建设领域成效分析

（一）政府平台沟通合作顺畅

对口合作总体方案确立后，合作各方都给予了高度重视，各地区主要领导都在第一时间奔赴对口合作地方进行会晤交流，为对口合作工作提纲挈领，指出方向。课题组根据官方文件统计，截至2017年，合作各方政府间联合出台合作整体性方案7部，确定全局性合作重点118项，确立了"省级—市（地）级"两级对口的政府合作交流体系。除了常规的城市结对外，合作方案还确定了如吉林长白山管委会、辽宁省国资委等职能型部门与对口合作地区相关部门的对口合作关系，有助于政府专业职能部门在对口合作中提升专业能力，提高涉及专业实务的行政办事能力。此外，为了方便政府沟通，多个合作地区还在其对口合作的地区设立了专门办事处，派遣专门人员负责沟通联络，提升了对口合作地区的沟通效率。

利用东部地区互联网发展水平较高这一优势条件，合作各地政府积极探索互联网技术在合作平台建设中的应用。如沈阳与北京在合作方案中明确，将探索"互联网+民政""互联网+社区治理"等先进的政府管理模式，共建智能化的政府服务管理平台；辽宁与江苏的部分城市在政府官网上设置专栏或进行专题报道，及时发布对口合作相关新闻信息，保证了对口合作信息能够最快在两地之间进行沟通。

（二）城乡合作共同发力

对口合作各地区都已出台具体到地市乃至县乡一级的规划方案，加强在智慧城市建设、产城融合发展、特色小镇建设等方面的经验交流。支持合作双方城市建设与乡村开发方面开展互学合作，借鉴发达地区规划建设管理的做法，积极推进新型城镇化建设与乡村振兴战略，共同提升区域发展建设水平。

共建智慧城市，解决大城市发展过程中的"城市病"，切实提升城市化的质量是对口合作在城市平台建设工作中的重点，在2017年对口合作的工作中，黑龙江与广东、大连与上海在智慧城市建设方面表现抢眼。黑龙江与广东在出台整体规划与总体要求的基础上，将建设规划权与具体合作事项制定权下放至各个城市，在对口合作中都取得了长足的进步。

对口合作平台建设在农村的发力点是特色小镇发展，吉林与浙江在该领域的表现可圈可点。吉林借鉴浙江特色小镇的先进做法，结合本省特色小镇发展情况，进一步完善特色小镇建设的政策办法。物质层面，借鉴浙江乡镇企业发展经验，确立各个小镇的特色产业，形成了"一镇一产"的良好产业局面，为乡镇经济发展提供了有力的支撑。精神层面，充分利用小镇自然特征与文化积淀，紧紧抓住特色小镇"特色"这一核心。借鉴浙江乡村文化传承与文化保护的相关做法，结合吉林本地东北民俗与冰雪特色，大力发展具有地区特色的东北乡村旅游产业，并积极在浙江开展宣传活动，在促进吉林本地乡村旅游发展的同时也为外地了解东北农村发展提供了窗口。

（三）产业商贸合作平台快速发展

东部地区与东北地区通过跨地区产业合作等创新的方式，在有条件的地区探索发展"飞地经济"，以中关村沈阳分园、上海国家技术转移中心大连分中心为代表的一批产业分园在东北建立，园区计划投资总金额超过一万亿元，实现资源互补、产业融合、利益共享的合作目标。经贸合作平台特别是对外贸易平台建设取得了明显效果，在"一带一路"倡议的指引下，结合东部地区毗邻港澳，沿海经济发达与东北地区近邻俄罗斯、日本、韩国的地理优势，探索对外贸易与区域发展的联动新模式。辽宁充分利用自贸区沈阳、大连、营口片区的政策优势，邀请北京、南京、上海等发达地区参与自贸区建设、中德（沈阳）高端装备制造产业园、中法生态城等重大对外开放项目建设。吉林与浙江相关港口对接合作,利用朝鲜半岛局势向好的契机,积极推动对朝、日、韩贸易发展。黑龙江利用其毗邻俄罗斯的历史优势,引进广东对外开放先进经验,推动中国(广东)自由贸易试验区有关经验做法在黑龙江复制推广,共同开展对俄经贸合作,拓展东北亚市场,利用黑龙江省对俄经贸交流平台,扩大对俄罗斯出口的规模和水平。

(四)多方合作共建多元平台

对口合作过程中,区域智库、地方商会等民间团体参与热情高涨,积极融入各类对口合作洽谈活动。部分区域智库响应对口合作倡议,建立对口合作省份智库部门间常态化交流机制。非企业组织探索建立对口合作产业联盟,引导地方工商联、区域商会、行业协会、企业家俱乐部等对接合作。积极组织东部地区企业参加中国—东北亚博览会,合作举办企业参观、民间互访、重点项目推介会等招商引资经贸交流活动。

五、其他合作领域成效分析

(一)交通发展增强合作效率

根据实证研究结果,发现交通因素,尤其是铁路交通,是东北对口合作中的优势所在。东北的交通基础设施工程开展较早,目前已经形成了成熟完善的交通网络,充分发挥了东北特有的地缘优势。具体来说,东北地区在铁路交通和港口运输上都有着一定的比较优势。

为了促进对口合作的效率,增强对口合作城市在人员、货物与信息上的流动速度,对口合作省市交通部门选择了加开交通线路的方式来密切地区之间合作关系:京沈线高铁计划于2019年通车,沈阳将进入北京"三小时城市圈"范围;南京与鞍山开通了客运专线航班,为两地人员往来提供便利;黑龙江与广东积极沟通,增加了两省之间的省际航班与铁路班次,并推出了旅游包机与旅游专列服务;吉林发展舟山港口与吉林铁路的联运线路,推动合作开发俄罗斯扎鲁比诺港,打通"东部—东北—俄罗斯—欧洲"的物流通道。

(二) 公共服务领域质量提升

养老保障领域，广东利用其优越的冬季气候条件、医疗技术，对准黑龙江人口结构中老龄人口众多这一现实情况，与黑龙江共同发展"互动式"养老，积极组织广东省社会团体、养老机构落户东北地区，在养老产业、大健康产业取得经营成功的同时，也缓解了黑龙江地区社会养老的压力，实现了经济效益与社会效益的双赢。

医疗卫生领域，辽宁积极开展医疗资源跨区域合作与医疗保障制度跨区改革试点，沈阳、北京两地卫生部门签署框架协议，实现了沈阳与北京两地医疗保险的互认与就地报销。医疗资源跨区配置方面，沈阳、大连建立了与北京、上海重点医院及重点科室之间的结对合作关系和远程医疗会诊协作机制，北京积水潭医院在沈阳地区建立分院，目前已经建成营业。

(三) 舆论宣传助力对口合作

对口合作工作需要广泛深入的宣传与推广，吉林在舆论宣传工作上进行了精心的设计与计划，利用舆论引导对口合作。在吉林新闻联播开设"浙江启示"专栏，以记者采访、实地考察、典型人物访谈、拍摄宣传短片等多种传媒形式，宣传报道浙江在深化改革、对外开放、市场发展、公共管理等方面的优秀经验。

第六章

新发展格局下东北地区与东部地区对口合作现存问题研究

第一节 体制机制问题

"双循环"新发展格局,是以习近平同志为核心的党中央积极应对世界百年未有之大变局和当前国内外经济形势变化所作出的主动战略抉择和重大战略部署,是于危机中育新机、于变局中开新局的战略选择,是我国经济发展从外向型经济转向内需增长型经济的背景下,国家层面发展战略和策略的优化。我国要在国内国际双循环的环境下,牢牢抓住扩大内需这个战略基点,对体制、机制、手段、方法等进行全方位、系统性的变革,形成以高质量生产、合理分配、有序流通和助力消费为特征的"双循环"经济体系。

一、基层人员服务意识薄弱

目前,东北地区的政府部门出现了一种故步自封、少做少错的思想和工作作风,在工作中严重缺乏创新意识与担当精神。有的地方政府仍存在"领导一换、政策就变"、政务信息透明度不高、服务意识薄弱等问题。扩大内需、促进国内大循环要求政府提供良好的营商环境，从而对基层人员的服务意识提出要求。在测度 2016 年评价模型（对照组）中，辽宁与江苏在体制机制方面的分数为江苏高于辽宁 35.52 分，但是在反映 2017 年对口合作状况的模型中，这一分差扩大为 42.79 分，其他地区的分差均有所缩小。这表明对口合作过程中，辽宁的体制机制改善比较缓慢，研究组对此现象进行了深入的调查，认为辽宁的问题在于县乡一级基层人员服务意识的薄弱。

为了改善东北地区官员的观念意识，对口合作中通过举办交流培训班、宣讲会、干部互派等活动来宣传东部发达地区的先进服务意识与发展观念。但是调查研究中发现，虽然在此次对口合作过程中各级政府都进行了积极的响应，但是服务意识在县乡一级的行政单位仍然难以深入。小城市、乡村工作人员仍存在"卡拿要"或者消极工作的现象，县乡级体制机制改革与市场发展仍然缓慢，阻碍着对口合作工作的进一步深入。

这一问题的成因存在客观与主观两个方面。客观工作环境上，东北县乡一级地方情况复杂，整体市场状况较东部同等级城市比较相对落后，加之信息渠道不畅，工作人员不能直接学习东部地区的办事态度及方法，客观上不利于工作人员服务意识的提升。主观心理因素上，基层工作人员较为轻视自身工作，东北地区基层行政及管理机构内部组织文化仍然散漫，工作人员主观上短时间内难以形成较强的服务意识。

二、政府投资效率相对低下

政府投资长期服务于经济社会战略，是全社会投资的重要组成部分，"双循环"的新发展格局对内需的刺激需要以政府投资作为支撑。东北地区当前评估项目投资绩效的方式方法较为落后，重形式、轻实效。政府投资效率相对低下，以辽宁与江苏 2016 年得分为例，在反映政府投资额的单项指标得分中，辽宁得分 41.36 分，高于对口合作对象江苏的 40.43 分。但是在反映体制机制的整体得分中，辽宁得分 40.70

分，明显低于江苏的76.21分，其他部分对口合作地区也有类似情况出现。这折射出东北地区以政府投资促进市场发展的效果并不显著，政府投资效率相对低下。政府投资效率低下会扭曲市场对资源的配置，降低市场效率，甚至造成市场的隐性壁垒，挤占民企生存空间，降低东部地区资本进入东北投资的意愿，阻碍着对口合作工作的顺利开展。研究认为造成东北政府投资效率低下的原因是相关政策科学性与可行性的缺乏。

政策缺乏科学性表现为两个方面：一方面是政策出台较为草率，论证阶段周期较短且多停留在理论层面。沈阳在2016年发布了房地产新政，其中规定对于毕业未超过五年的高校毕业给予买房"零首付"。这一政策引发了舆论的广泛关注，在去杠杆、去库存的供给侧结构性改革背景下，贸然增加房地产金融属性可能会引发区域性的杠杆失控，不利于区域金融秩序的稳定与长期发展。沈阳市政府于政策发布当晚22时发布了撤销该项政策的消息，给政府的公信度造成了极大的损害。沈阳市政府"朝令夕改"这一问题仅仅是东北地区政策出台草率的一个缩影，由于经济发展对官员个人职位晋升有影响，部分官员片面地考虑征集意见，不考虑科学因素，仅凭"拍脑门"做出决定。这些由"拍脑门"做出的决定往往严重脱离实际发展需要，给国家和当地经济发展造成了损失，同时也损害了政府的公信力。

另一方面，官员出于自身利益，政策落实缺乏可行性，造成了很多项目出现了"无用"甚至"烂尾"现象。号称"东北地区最大商贸项目"万商国际城市广场项目位于辽宁省朝阳市，总计划投资超过十个亿，后来该项目由于资金缺乏、政策不明和多方面违规等原因处于停滞状态。据了解，该项目设立之初，就因为市场规模不足、盈利模式存在问题而受到质疑，但是因为时任朝阳市委书记陈铁新在利益的驱使下收受贿赂，才强力推进了这一项目，随后伴随着陈的落马，该项目也成为朝阳市最大的烂尾工程。① 这种情况在东北地区并不罕见，抚顺地区的

---

① 新京报：《陈铁新被查或涉朝阳工程 主政地口碑欠佳》，politics.people.com.cn/n/2014/0726/c1001-25346385.html。

"生命之环"、沈北新区与吉林市开发区的部分项目，都存在着因官员不当利益而上马，又随着官员落马而草草烂尾的情况，极大地浪费了当地政府投资，同时又浪费了对口合作资本进入当地进行投资的宝贵机会。

三、营商环境改善遭遇瓶颈

营商环境看，中西部及东北地区营商环境显著劣于东部地区，且这种差异不仅具有当期的分化效应，而且可能进一步加剧我国高技术产业区域发展的未来分化。市场东北地区民营企业隐形负担较重，物流成本、制度成本和市场收寻和信息获取成本相对东部地区较高，从某种程度上抵消了东北地区在工资、土地价格和基础设施等方面的成本优势，不利于东北地区企业在全国市场竞争力的形成。

虽然东北地区民营经济发展近年来取得了一定的成效，但其仍然是区域经济成分中"最为薄弱的一环"。对比2016年东北三省与江、浙、沪地区民间投资总额，辽宁、吉林、黑龙江三省2016年民间投资总额仅为984.15亿元，而上海、浙江、江苏的民间投资额分别为3518.11亿元、7690.76亿元和10845.56亿元，整个东三省的民间投资总额还不及江、浙、沪地区的一个省份。[①] 造成这一问题的原因是东三省某些行业中存在着以利益输送为基础的"隐性限制"，招标内定、企业垄断、隐性门槛等状况仍然存在。东北营商环境恶劣背后所反映的问题是东北地区畸形的政企关系，特别是政府机构与民营企业之间的关系。受到历史计划经济与国企长期占有主导地位的影响，东北地区部分官员仍然没能树立正确的市场意识与服务意识，工作过程中存在轻视民企、挤压民企甚至刻意刁难民企的现象。部分政府受到经济利益与政绩要求的驱使，在招商时对民企承诺诸多便利，在企业入驻后就对民企采取各种压榨乃至索贿等行为，即东北投资圈所戏称的"关门打狗"现象。具体

---

① 笔者根据《中国统计年鉴》数据计算整理。

到对制造业的危害上，东北地区政府一般会在制造业企业聚集地设置"园区管委会"这一机构，负责园区企业的服务管理工作。但是在实际运营中，管委会未能较好地发挥生产服务功能，甚至阻碍着制造业集群的健康发展，因此园区管委会需要更为深层次地进行进一步的机构改革。

四、东北国企运营管理能力薄弱

在资源配置、要素流动全球化的背景下，国内企业改革不到位的负面影响会蔓延到国际市场。东北地区传统国企转型升级缓慢、重扩张轻风险导致的亏损有可能伴随着企业海外投资的增加而大量出海。虽然东北地区国有经济占比在近年来出现了向全国平均水平靠拢的新趋势，但是国有经济在东北地区经济中的影响力仍然较大，国有企业的转型缓慢也使得东北经济转型的整体进度放缓。尽管这一占比在 2007~2013 年之间呈现出下降趋势，但截至 2015 年，东北地区国有企业占工业总产值比重仍然达到 30% 左右，相对于全国 20% 的平均水平依然处于高位。[①] 但是，粗放式经营与落后的管理体制使得东北地区国企优势不再，因此需要通过对口合作进行改善。东北地区国企管理能力薄弱，主要体现在资金运营和人事机制上。

资金运营方面，虽然东北地区制造业企业整体资金密集，但是因为资金管理能力不足，常常造成企业生产现金流得不到充分保障，企业面临债务违约风险及流动性压力。2016 年，辽宁、吉林、黑龙江工业企业固定资产比率分别为 36.95%、40.94% 和 45.27%，全国同期平均水平为 36.89%，除辽宁地区固定资产率与全国水平没有明显差距外，其余两省的这一比率均高于全国平均水平，[②] 说明吉林、黑龙江地区企业资金运营管理能力较差。现实情况也支持了这一数据，2017 年，东北地区分别有一家大型船舶制造企业与上市制药企业被曝可能存在短期债务违约风险。

[①][②] 笔者根据《中国统计年鉴》数据计算整理。

人事机制方面，人事机制管理混乱，合作支援人员难以掌握话语权。东北企业特别是国有企业的人事管理体制机制较为混乱，在选人用人方面存在弊端。选人用人"拉关系""结帮派"现象严重，用人唯亲胜过用人唯贤、人脉关系大于工作能力、私人亲疏大于工作需求，这使得缺乏本土根基的外部管理人员在企业很难得到实际管理权利。以上状况的存在不利于东北国企在对口合作工作中发挥应有的作用，影响着东北地区国企活力的释放。

第二节 产业升级问题

东部地区高技术产业发展在构建"双循环"新发展格局中面临外需市场疲弱和产业外迁双重压力。同时，在国际贸易环境变化、新冠肺炎疫情冲击的背景下，东部地区高技术产业向国外转移的风险也不容忽视。受新冠肺炎疫情持续影响，东部地区高技术产业生产要素供给流通不畅，导致中间品生产面临"断供"风险，对产业链韧性带来巨大冲击。东北地区经济发展与东部地区差距仍比较显著，高技术产业投资和消费需求落后于东部地区，市场空间相对较小。

东北地区产业转型升级在评价模型中的得分均未能超过20分，是5项二级指标中得分最低的项目，且与东部地区分差巨大，吉林在百分制满分的评分中得分仅有7.30分。因此，笔者认为东北地区与东部地区对口合作中最大的挑战来自产业转型升级工作，产业转型升级工作中主要有以下几个问题。

一、制造业内部结构存在矛盾

东北地区制造过剩产能的无效供给与国内国际市场高端产品的有效内需无法匹配。东北地区成果转化、产业化等存在明显短板，难以承接东部高技术产业转移，也在一定程度上阻碍了国内大循环链条的形成。

下面从制造业内部结构来考察东北经济结构问题。本书根据国民经济行业分类与代码两位数分类（GB/T 4754-2017），整理了2002年、2011年、2015年三个时间节点各行业产值排名前五的行业占地区工业产值的比重情况，并将东北地区与对口合作地区进行比较，以此说明东北地区与东部地区在制造业高级化进程中面临的现实性差距（见表6-1）。

表6-1　东北三省制造业与部分对口合作省份产值前五位的行业变动

省份	2015年			2011年			2002年		
	行业	产值（亿元）	比重（%）	行业	产值（亿元）	比重（%）	行业	产值（亿元）	比重（%）
辽宁	石油	3307.85	9.87	有色	5920.23	13.82	石油	759.56	15.58
	黑色	3204.74	9.57	酒、饮料	3899.57	9.10	黑色	624.48	12.81
	农副	2925.30	8.73	电力热力	3413.80	7.97	汽车	376.25	7.72
	汽车	2776.42	8.29	家具	3261.38	7.61	计算机	307.41	6.30
	通用设备	2352.02	7.02	造纸	2727.10	6.36	化学	298.85	6.13
吉林	汽车	5478.09	23.76	汽车	4608.6048	27.24	汽车	1011.95	47.17
	农副	3360.56	14.58	农副	2194.63	12.97	石油	182.17	8.49
	医药	1858.86	8.06	化学	1443.64	8.53	化学	122.59	5.71
	非金属	1677.72	7.28	非金属	1045.91	6.18	食品	78.22	3.65
	化学	1559.70	6.76	医药	877.11	5.18	黑色	68.60	3.20
黑龙江	农副	2691.30	23.18	石油	2174.50	22.18	石油天然气	864.71	29.72
	电力热力	1154.50	9.95	农副	1669.80	17.03	石油	433.89	14.91
	石油	988.63	8.52	石油	1445.70	14.75	电力热力	282.79	9.72
	石油天然气	954.52	8.22	电力	989.70	10.09	汽车	178.30	6.13
	食品	559.80	4.82	食品	487.70	4.97	农副	158.80	5.46

续表

省份	2015年			2011年			2002年		
	行业	产值（亿元）	比重（%）	行业	产值（亿元）	比重（%）	行业	产值（亿元）	比重（%）
江苏	计算机	18896.93	12.61	计算机	14714.02	13.66	纺织	1539.75	11.10
	化学	16810.32	11.22	化学	11849.96	11.00	电子	1418.97	10.23
	电气	16266.32	10.86	电气	11753.47	10.92	化学	1359.74	9.81
	黑色	9263.25	6.18	黑色	9128.65	8.48	普通机械	949.72	6.85
	通用设备	8820.61	5.89	纺织	5740.24	5.33	电气	928.27	6.69
浙江	电气	6302.90	9.43	纺织	5805.65	10.29	纺织	1348.17	13.79
	纺织	6026.50	9.02	电气	5052.94	8.96	电气	840.60	8.60
	化学	5398.30	8.08	化学	4587.33	8.13	普通机械	614.93	6.29
	电力热力	4329.50	6.48	通用设备	3905.93	6.92	服装	595.75	6.09
	通用设备	4289.70	6.42	交通	3895.13	6.91	交通	520.86	5.33
广东	计算机	30658.71	24.60	计算机	22865.39	23.92	纺织	1539.75	11.10
	电气	12428.41	9.97	电气	9623.39	10.07	电子	1418.97	10.23
	电力热力	6405.36	5.14	化学	4731.53	4.95	化学	1359.74	9.81
	化学	6315.93	5.07	金属	4114.55	4.30	普通机械	949.72	6.85
	汽车	5955.96	4.78	汽车	3845.06	4.02	电气	928.27	6.69

注：石油：石油加工、炼焦和核燃料加工业；黑色：黑色金属冶炼和压延加工业；化学：化学原料和化学制品制造业；农副：农副食品加工业；汽车：汽车制造业；有色：有色金属矿采选业；酒、饮料：酒、饮料和精制茶制造业；电力热力：电力、热力生产和供应业；家具：家具制造业；造纸：造纸和纸制品业；计算机：计算机、通信和其他电子设备制造业；纺织：纺织业；机械：机械工业；通用设备：通用设备制造业；医药：医药制造业；非金属：非金属矿物制品业；食品：食品制造业；电气：电气机械和器材制造业；木材：木材采运业；煤炭：煤炭开采和洗选业；电子：电子及通信设备制造业；普通机械：普通机械制造业；服装：服装及其他纤维制品；建材：建筑材料工业；交通：交通运输设备制造业；金属：金属制品业；器材：器材制造业。

资料来源：2003年、2012年、2016年《中国工业统计年鉴》。

纵观东北制造业产业内部状况，并与其对口合作的浙江、广东、江苏做比较，发现东北地区产值较高的制造业多为金属加工、石油化工等处在制造业上游、附加值较低的行业部门，而附加值较高的电气制造、计算机、汽车制造等行业发展缓慢或者出现衰落。与此相反，东南沿海发达地区的计算机、电气、精密化工等行业逐渐兴起，正在逐步取代东北地区的制造业历史优势，成为更有竞争力的中高端制造业集中地区。这一兴衰变迁给东北制造业带来最直接的影响就是企业盈利能力的整体下降。2016 年辽宁、吉林、黑龙江省工业企业的人均主营业务收入分别为 111.84 万元、149.8 万元、93.82 万元，主营业务利润率分别为 3.22%、5.41% 与 3.97%，多数指标低于全国平均水平的 113.54 万元与 5.96%，规模以上工业企业盈利状况更不容乐观。①

二、新型农业经营主体发育面临问题

农业是国内大循环的基础和保障。当前东北地区农村收入相对低下和社会保障体系不健全，抑制了农村消费的扩大，使得农村形成了经济"死水区"，城乡要素市场存在严重割裂，城乡之间要素自由流动和平等交换存在体制机制性壁垒，阻碍了国内大循环的实现。

对口合作在农业与农村发展领域的工作重要目标之一是充分发挥东北农村特色优势与东部乡村发展经验，促进东北农业现代化与乡村振兴战略的推进。农地"三权分置"制度的改革，对对口合作在农业合作上提出了新的要求，对口合作各方需要充分利用各自优势条件培育新型农业经营主体。目前，家庭农场（专业大户）、农民合作社和农业企业等新型农业经营主体在发育进程中面临着诸多挑战。

三、文化旅游业宣传"名过其实"

各方都将旅游业作为对口合作在产业方面的重点加以打造，东北地

---

① 笔者根据《中国统计年鉴》数据计算整理。

区各省市也都加大了宣传力度，为东北文化旅游业发展造势，但是东北地区旅游实际质量发展与宣传工作并不同步，存在着"有名无实"或"名过其实"的问题。以沈阳地区的文化旅游业为例，沈阳作为历史文化名城与东北地区的文化中心，文化资源十分丰富。目前，沈阳地区是东北民俗文化、新中国重工业文化等多种文化交汇的城市。沈阳作为一座多种文化交融的城市也较好地包容了多种文化，呈现出多种文化交融发展的良好局面。但是，由于缺乏长期考量与理论指导，在发展文化产业时也出现了一些不尽如人意的现象。以文化旅游中存在的乱象为例，一些景点设置重复，面貌千篇一律，文化内涵相似，使得同行业竞争加剧；有些居民将普通的临街商铺稍稍进行朝鲜风格的装潢，就美其名曰"朝鲜族特色文化"；有的地区不注重地方特色，随意建几处仿古的亭台，所谓的文化遗址就粉墨登场了……这种文化旅游项目品质低劣，既无文化底蕴，又无地方特色，严重浪费着地方旅游资源。东北大鼓、谭振山口头文学等传统的民俗项目由于缺乏保护与发展，在现代文化的冲击下面临着失传的风险；一些具有创新意识的项目如众筹咖啡厅、城市体验馆等，由于受众体验不佳、推广程度不高而不得不停摆……类似的情况如吉林省、黑龙江省的乡村旅游、冰雪旅游项目中也存在，甚至在对口合作期间发生了"雪乡宰客"等具有重大影响的负面事件，极大地损害了东北地区旅游业在全国市场中的形象与信誉状况。

四、东北地区在资本市场表现不佳

以金融业为代表的生产性服务业是决定着东北地区制造业优势能否发挥的重要因素，东部优质金融企业不断进驻东北，为东北地区金融业发展提供了新鲜血液，但是东北本地的金融业表现整体疲软，削弱了对口合作的效果，其主要表现在以下几个方面：

一是受东北经济宏观环境影响，东北企业上市速度缓慢。2015～2017年，全国共有886家企业在A股市场上市，但是注册地在东北地区的企业每年分别只有7家、3家与4家，总比不足全国的2%；而反观上市公司数目排名前三的广东、浙江、江苏三省，仅 2017 年三省上市数量就分别达到 98 家、85 家与 65 家，是东北三年上市公司总数的近 18 倍。[①]

二是受到巨额亏损企业拖累，区域整体盈利能力不足。在 2017 年，中国证券市场区域指数中，吉林指数、辽宁指数、黑龙江指数的涨幅分别为 -6.44%、-12.96%、-18.47，涨幅排名处于全国尾端。[②] 虽然东北地区上市企业有九成盈利，但是受到个别大型企业巨额亏损的影响，东北地区上市企业盈利的绝对值并不乐观。以 2017 年为例，东北地区共有 3 家企业被摘牌或者暂停上市，三家 ST 企业业绩亏损超过 10%，面临退市风险。

三是上市公司负面新闻不断传出，市场信心受损严重。东北特钢、吉林敖东、辉山乳业等制造业企业纷纷被爆出具有较大社会影响的负面新闻，极大地损害了东北地区上市企业的形象，不利于资本市场对于东北地区投资兴业信心的建立与维持。

五、消费贡献不如是东北经济增长症结所在

东北地区市场需求较多体现为暂时不具备经济购买能力的潜在市场需求，单纯刺激消费欲望效果有限。提升市场统一水平是构建"双循环"新发展格局的基础。当前我国东部地区面临着外需市场收紧的压力，而东北地区则亟待拉动内需。研究进一步分析了东北地区产业转型升级方面评价得分较低的原因，发现在拉低该领域得分的诸多指标中，反映区域消费水平与消费质量的相关指标评分较低。横向比较上，吉林与黑龙江的该项指标在 2017 年的得分仅分别为 0.88 分与 0.19 分（100 分满分），严重拉低了该领域的整体得分；辽宁状况略好于吉林与黑龙江，得分为 33.31 分，但是仍低于东部地区得分最低的天津市的 41.36 分。纵向比较上，2016~2017 年东部三省在该单项指标得分上出现了

---

①② 笔者根据 Wind 数据库计算整理。

绝对得分降低，与东部地区得分差距拉大的现象，表明东北地区消费状况并未在对口合作中出现显著改善。

笔者认为，造成这一问题的主要原因如下：第一，历史发展状况上，制造业长期占据东北地区经济发展的绝对主导地位，产业结构单一，造成了投资对经济增长过度依赖投资，挤占了消费能力的形成与现代商业、现代服务业的成长空间。第二，东北经济近来出现下行压力，居民收入增长缓慢、失业增加、居民储蓄避险情绪高涨，这进一步挤占了居民消费提高的空间。第三，对口合作工作开展，东部地区的消费产品进入东北地区，东北企业的部分产品在竞争中处于相对弱势，很多高端消费流向东部地区。

第三节 科技创新问题

一、创新性研究缺乏有力支持

研究发现，东北地区在对口合作工作中对技术创新研发项目呈现出过度谨慎的态度，即因担心某些科研项目的失败风险而不愿意进行研发工作。2016 年，东北地区企业研究与实验经费占 GDP 比重除辽宁的比重超过 1% ，达到 1.09% 以外，其余两省的占比均在 1% 以下，在全国范围内处于较低水平，并且被部分创新能力较弱的西部省份与西部地区所赶超。而在政治领域评分不如东北地区，但在技术创新领域综合评分较高的江苏、广东与天津的这一占比分别达到 2.14%、1.97% 与 2.07%，相当于东北地区平均水平的近三倍（见图 6-1）。

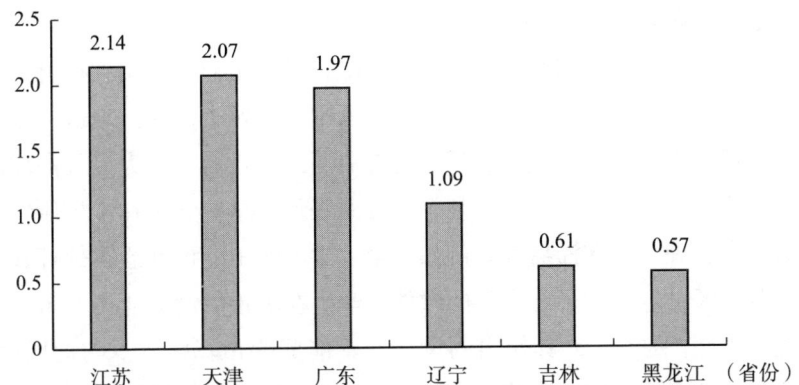

图 6-1 2016 年东北三省与其他部分省份工业企业研究与实验经费占 GDP 比重

资料来源：相关年份《中国统计年鉴》与《中国工业统计年鉴》。

这一问题的成因包含政府与企业两个方面。政府方面，第一章曾提及，政府的创新支持政策会显著改善制造业企业特别是需要技术研发的中高端制造业企业的行为，有利于降低制造业产品市场的垄断程度，提升市场活力，反之则会降低市场活力。除了政策制定草率外，东北地区在政策的制定过程中也存在着另一种极端情况，官员害怕政策失败风险，不愿意支持创新型、研究型和实验型项目，即所谓的"不作为"与"怕作为"问题。企业方面，东北企业近期不受资本市场青睐，部分企业资金吃紧，使得企业对创新项目出现了极度的风险厌恶。有些企业即使看到东部地区的优质项目，也不敢投资将其引入东北，导致机会白白流失。

二、人才存在结构性矛盾

东北地区专业人才存在结构性矛盾，特别是在对口合作的过程中，缺乏技术工人、研发人员与创意性人才的问题十分严重，人才的缺乏使得一些对口合作项目特别是具有较高技术含量的创新项目不能在东北落地，直接影响着对口合作的进度推进。人才培养与社会需求不匹配、技术人员薪资待遇较东部过低、创意性人才难以留住三方面的原因最终造成了这一问题。

高校人才培养方向与企业需求不匹配,导致企业无法招到适合的人才与产业相关学生缺乏就业机会的双向困难。据调查,沈阳地区基本所有高校都开设了与制造业发展相关的专业,此外还有诸多大专及高职院校,人才培养规模并不小。但是企业方面表示,这些学生在学校所学的相关技术、理念存在滞后性。例如,学生学习的工业设计绘图软件甚至是欧美地区已经淘汰了十多年的软件,学生在不接触制造业产业市场的情况下"闭门造车",其作出的设计并不能紧跟市场需求。与此同时,企业为使已经招聘的大学生适应工作,不得不出资进行员工入职培训,从而增加了企业成本与经营风险。

人力资源薪酬及福利较差,拥有从业经验或是富有能力的人才往往在一定时期后跳槽至收入更高的企业或是转换行业,导致人才流失严重。通过对部分制造业企业员工的走访调查,发现技术工人待遇不高,有些从业人员的基本生活都难以保障。在沈阳地区某机床制造业工厂,一位新入职车间基层工作人员的月平均工资在2000元上下,后期逐步提升至3000元左右,而就连这样的工资有时还存在因公司经营困难而产生的拖欠现象。部分技术工人由于受传统观念影响,社会地位较低,只能自己经营一些小型修理门市或者兼职于多家小型维修企业,收入不稳定,有些工人因为收入得不到保障转而从事其他行业或直接流向东部地区。由此便带来了一个恶性循环,即企业因为人才流失导致业绩下降,不得不减少人员的薪酬待遇;而收入减少带来的人才流失又导致企业的业绩下降,从而使企业生存越发困难。

东北地区需要重视对兼具技术能力与创新意识的复合型人才的吸引。大到一个产业系统形成,小到一款富有特色的制造业产品推出,都不是一种能力、一个岗位甚至一家企业能够完成的,这之中就涉及了产业中各个要素部门的合作与协调。这种协调则需要从业人员具有多种素质以及开阔的视野,而现在东北地区的制造业企业中缺乏的恰恰就是这样的复合型人才。"有创意的研发出来,研发来的生产不了,生产出来的市场不要"的怪圈在东北制造业中已经成为一种常见的现象。如此一来，必然会增加制造业产品从创意到推向市场的中间环节增加，浪费抢占市场的宝贵先机。

三、人才就业观念有待转变

东北地区是最早实行计划经济的地区，计划经济既为东北地区带来了雄厚的工业基础，也为东北地区遗留了严重的思想包袱，诸如"体制内崇拜""唯上是从""官本位"等思想在东北仍占有很大市场。在这种思维的引导下，产生了国有企业等生产单位不思进取的"等靠要"现象，以及大小各级官员对待企业"吃拿卡"的现象。

尤其是在当前创业创新的时代背景下，这种落后思想已经成为东北地区创新创业的最大障碍。首先，不利于创意阶层的培育与聚集。这种思维导致学生在学校学习期间就树立起"做干部""搞圈子""拉关系"的思维习惯，在工作中将主要精力放在非正常的人际交往，严重占用了提升技能与学习知识的时间与经历。其次，保守思想阻碍了人才的合理流动。东北地区的毕业生往往优先选择政府机构、国有企业、事业单位等体制内工作，优秀人才宁可选择技术含量低、专业不对口的体制内工作，也不愿意发挥专业特长到企业部门就业。最后，固有思维与创新意识背道而驰。计划经济时代的固有思维讲求四平八稳、循规蹈矩，这与创新创业所推崇的鼓励冒险、开拓创新的思维刚好背道而驰。

四、东北科技成果本地转化能力薄弱

一个地区的产业竞争优势来自能够迅速地动员人才和资源转化成新的项目或产品，而作为创意和产品之间的桥梁，技术在中高端制造业发展中起到的作用尤为重要。而在制造业发展中，技术更多地体现在专利发明、新型产品等方面。专利技术能否及时转化为产品、设计创意是否具备吸引力、改进工艺是否处于业内领先水平，这些都影响着消费者的体验与对一个地区制造业的评价，制约着该地区制造业集群的发展。因此，关注东北地区制造业企业在专利发明方面的状况对于了解东北制造业发展现状具有十分重要的意义。通过研究调查发现，制造业产品的消费者已经不再满足于简单的基础功能需求，制造业消费需求正在朝着高科技化、个性化、多元化方向发展。

课题组根据《中国统计年鉴》数据整理，截至 2016 年，东北地区高校共拥有副高级、正高级职称工作人员 71841 人，占全国高级职称研究人员的 10.63%，高端研究人员密集。人员构成上，辽宁、吉林、黑龙江三省副高级以上教师人数占高校专任教师总人数的比重分别为 44.96%、48.03%、50.22%，均高于国家平均水平的 42.20%，主要科研人员队伍高级化特征明显。但是，与东北地区研发能力不相匹配，东北地区项目在区域内的转换能力较弱。

问题主要存在于以下几个方面：第一，市场规范程度较低，知识产权保护力度较弱致使山寨模仿成本相对低廉，被惩处风险小，最终导致山寨猖獗，甚至在市场上出现了山寨产品驱逐正版产品的混乱现象，严重伤害了制造业企业技术研发与成果转化的积极性。第二，东北地区缺乏完整有效的技术孵化机制，调查发现东北地区的很多孵化器已经沦为普通的写字楼，没有任何与技术创新有关的亮点，东北地区的民间资本特别是天使投资与风险投资基金较少，对本地项目的投入力度不强。第三，对口合作工作中提出了东部地区资本扶持东北地区企业转化的方案，但却鲜有对加强东北自身转化能力的整体性规划。

第四节 合作平台问题

一、合作信息数据互通不畅

合作信息互通共享是对口合作工作在平台建设上的一个重要目的。对口合作开展以来，各地区媒体都对相关活动进行了大量报道，部分地区也在政府官方网站设置了专栏专版对相关信息进行汇总。

但是在实际运行中,信息平台建设也存在着几个急需优化的问题:首先,信息平台大多只是将相关新闻信息进行简单的加总,缺乏具有逻辑的分类整理,信息冗杂,使用者在检索时很难快速找到有用的信息。其次,信息缺失状况严重,在对口合作评价模型所需的数据中,沈阳、大连、长春、哈尔滨四个副省级城市的统计年鉴及官方网站上都存在着缺失状况,部分副省级城市2017年统计年鉴仍然未在网上公开,对口合作地市及以下行政单位信息及数据缺失状况更为严重。再次,缺乏一个集中汇总对口合作各方信息的线上网站平台,部分信息对口合作项目的进展仍然需要通过新闻报道才能了解。最后,信息更新不够及时,要加强对口合作的及时性,就要使得各方能够及时掌握对方的信息,但是合作各方的信息尤其是统计数据类信息始终存在着较强的时间滞后性,个别地区甚至连2016年的信息都没有公布完全。

二、产业园区功能存在竞争冲突

产业园区是对口合作落实的最终执行单位,也是对口合作三级空间体系中最为微观的一环。受制造业行业特征的影响,东北地区产业园区具有以制造业区域为主,单位园区空间规模较大的特征。根据网络公开信息统计整理,截至2020年,东北地区共有国家级产业园区35个,省级产业园区73个。其中,规划占地超过500平方公里的就有7家,占地最大的沈阳光电信息产业园区与沈北新区经济开发区面积达到1098平方公里,能够为建造大型制造业、高新技术产业建设工厂及研发中心提供充分的空间(见表6-2)。

表6-2 东北地区占地100平方公里以上国家级制造业园区

所属省份	园区名称	占地面积(平方公里)
辽宁	沈阳光电信息产业园	1098
	大连经济技术开发区	404

续表

所属省份	园区名称	占地面积（平方公里）
辽宁	沈阳经济技术开发区	444
辽宁	锦州经济开发区	161.06
辽宁	沈北新区经济开发区	1098
黑龙江	哈尔滨利民经济技术开发区	128
黑龙江	哈南工业新城	462

资料来源：笔者根据相关网站公开信息计算整理。

但是，东北地区产业园区在对口合作过程中存在着同质竞争与缺乏特色合作接口的问题。辽宁制造业园区主要涵盖生物医药、远洋船舶、光伏机电、石油加工、精细化工等制造业部门；吉林制造业园区主要涵盖生物制药、电子元件、专用设备等制造业部门；黑龙江制造业园区主要涵盖石油化工、装备制造、光伏机电等制造业部门，三省之间的产业园区多有部门重叠的情况发生。对口合作方案中也存在着类似现象，如吉林省与浙江省、辽宁省与江苏省都提出了共建医药产业园区的规划，但是在细分市场时并未有明显区别。又如沈阳市与北京市、哈尔滨市与深圳市在合作方案中都提及了建设信息产业园的规划，但是对信息产业园在东北地区的定位和发展方向较为重合。这种产业园区职能的缺乏协商与冲突很可能会导致区域内资源布局分散、行业竞争加剧、规模效益不能发挥等问题。

第五节　其他方面问题

一、东北地区生态环境恶化日益凸显

生态环境恶化不仅会从资源储备上损害东北制造业的发展潜力，还

会对宏观经济增长、就业甚至居民消费等方面带来不良影响，特别是东北地区作为人口老龄化比较严重的地区，生态环境恶化对居民消费的负面影响会更为突出，从而从需求端影响着东北地区在对口合作中消费动力的提升。相对于其他产业部门，制造业会产生更大的污染与能耗，受到长期粗放型增长模式的影响，东北地区大多数制造业企业在"碳达峰""碳中和"背景下都面临着巨大的环境成本压力。表6-3列出了2016年东北地区与在第二章实证分析中该项指标得分较高的省份的制造业发展污染能耗数据，在所选取的四个指标中，发现除吉林省有个别指标低于全国制造业发达省份外，东北地区的制造业环境污染与能源消耗均远远高于发达省份水平。

表6-3 2016年东北地区与全国制造业发达省份污染能耗状况

省份	万元GDP废水排放量（吨/万元）	亿元GDP烟（粉）尘排放量（吨/亿元）	亿元GDP二氧化硫排放量（吨/亿元）	亿元GDP氮氧化物排放量（吨/亿元）
辽宁	10.26	29.18	50.77	27.66
吉林	6.57	14.80	12.73	20.35
黑龙江	8.99	29.04	21.97	35.05
浙江	9.12	3.86	5.68	8.05
广东	7.46	3.48	4.37	10.42
北京	6.48	1.34	1.29	3.74
江苏	7.97	6.10	11.91	12.02

资料来源：《中国统计年鉴（2017）》及各省份统计年鉴，部分数据由笔者计算整理。

对口合作仍然需要利用东北地区的工业基础，虽然对口合作中也存在着诸如设立"河长制"此类关于生态环境的先进制度，但是如何平衡东北地区环境问题与制造业优势发挥之间的关系、防止东部地区高污染高能耗企业趁对口合作之机转移至东北地区，是对口合作指导理念的要求，也是在"碳中和"背景下平衡区域短期发展与长期发展环境资源承载能力需要解决的重要挑战。

二、东部地区人口"虹吸效应"明显

对口合作中出现了东部地区对东北地区人口或人才的"虹吸效应"。东部地区在对口合作中对东北地区人才的挤占是工作中需要警惕的问题。研究认为造成这种现象的成因有以下两方面。

一方面,人才培养状况构成鲜明对比的是东北地区对人才的吸引力持续减弱,在一项2016年针对东北地区两所"985"高校应届毕业生就业意愿的调查中,离开东北地区就业的毕业生占到调查人数的67%,有近四成的毕业生流向北京、上海、广州等一线城市;另一项在武汉某高校开展的毕业生就业状况调查中,在该校的东北生源中,仅有1/5的学生愿意回到东北就业。

造成这一矛盾的深层次原因是东北地区的城镇化发展规模与城市发展质量不相适应。在第四章第三节的理论分析中曾提及,城市是人才的空间载体,只有高质量城市才能吸引更高水平的人才进入本地区进行工作。历史上因受到工业化政策主导,东北地区城市发展进入扩张阶段,在改革开放前,东北地区一直是中国城市化发展速度最快的地区,但是东北城市发展质量较低,缺乏对人才特别是高素质人才的吸引力。例如,东北三省除辽宁外,吉林、黑龙江两省2012~2016五年内城镇居民可支配收入均低于全国平均水平,难以吸引人才、留住人才(见图6-2)。

另一方面,劳动参与率低下。自改革开放之后,东北地区的劳动参与率明显低于全国其他地区,在各地区排名中处于全国末位。东北地区劳动参与率较低有着社会历史、经济结构和区域文化等多方面原因:首先,东北地区经济带有计划经济时代的遗留问题较多,国企待遇、社会福利较高,这导致劳动者竞争意识不强、劳动参与率低下。其次,前面提及,东北地区抚养比明显低于全国平均水平,这导致青、中年生活压力相比全国其他地区更小,从而降低了劳动者的劳动意愿。再次,东北地区农业发达,农村存在大量剩余劳动力,但是农村剩余劳动力难以进入就近的城市工作,造成了农村劳动力的大量闲置。最后,近些年东北地区高校实行了扩张招生政策,但是扩大的招生规模并未带来劳动力的流入,这进一步造成了东北地区劳动参与率的持续走低。

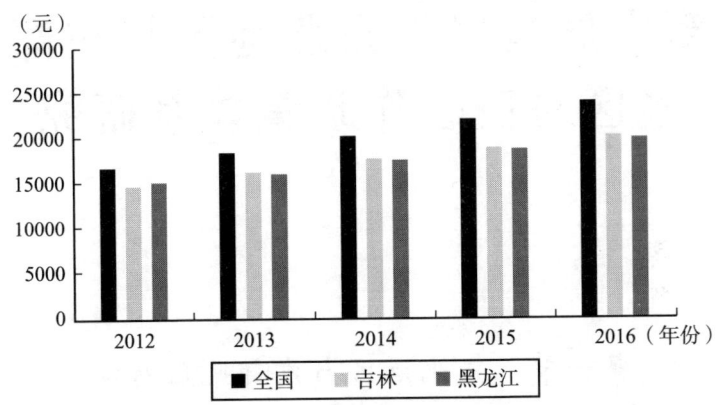

图6-2 2012~2016年吉林、黑龙江城镇居民可支配收入与全国平均水平
资料来源:2013~2017年《中国统计年鉴》。

第七章

新发展格局下东北地区与东部地区对口合作政策体系研究

第一节 东北地区与东部地区对口合作政策理论体系研究

一、对口合作实施方案解读

（一）对口合作实施方案概要

2017年3月，国务院发布了东北地区与东部地区对口合作的工作方案，标志着对口合作政策正式开始实施。紧接着，合作方案中涉及的7对省市在2017年4~5月间分别制定了对口合作实施方案并提交国家发改委，并在充分协调沟通的基础上，于2018年正式公布。表7-1从体制机制、产业结构、科技创新、平台建设4个维度，对8份对口合作实施方案中的内容进行了简要概括。关于政策的具体内容已在前面提及，因此不再赘述。

表7-1　　　　　　　　　　对口合作主要内容

方案	重点内容			
	体制机制方面	产业结构方面	科技创新方面	平台建设方面
辽—苏方案	深化改革扩大开放	开展产业务实合作	提升创新创业水平	人才交流　搭建平台
吉—浙方案	体制机制创新	产业协同合作	基础设施共建　平台对接	创新创业　人才交流
黑—粤方案	改革经验交流推进机制体制创新	产业务实合作	提升创新创业水平	搭建平台载体
沈—京方案	加强人才合作观念理念更新	推进产业结构调整	推进机制体制创新　提升创新和服务水平	平台建设
连—沪方案	推进机制体制创新	加快城市功能提升	开展产业务实合作　创新创业合作	推进重点区域合作　加强干部人才交流
长—津方案	推进机制体制创新	开展产业务实合作	提升创新创业水平　搭建平台载体	挂职推进干部人才交流
哈—深方案	推进机制体制创新	促进产业结构调整	拓展科技合作	搭建合作平台载体

注：各市简称：沈——沈阳，连——大连，哈——哈尔滨，长——长春，深——深圳。

（二）合作主要内容分析

7对对口省市的对口合作实施方案虽然在细节和表述上各有特色，但实际内容都紧密对应22号文。概括起来主要包括以下内容。

1. 体制机制方面

在各对口合作地区的合作方案中，着力强调东北地区向东部地区学习经验，尤其是在体制机制创新方面，方案积极支持东部地区的先进治理经验向东北地区"扩散"。

所谓"对标"即东北地区以东部地区为标准，复制或学习东部地区先进的行政管理体制和改革经验。从该项内容也可以看出，目前东北地区和东部地区的对口合作基调：短时间内主要是东北地区向东部地区学习，东部地区适当给予东北地区帮助和扶持。

大批学者论证了体制不合理、国企占比过大和产业结构不合理等体制机制问题是东北地区经济增长失速的症结所在。可以积极鼓励东部地区与东北地区在国企改革的进程中开展深度合作，不仅要将新资本、新技术引入东北地区的国企中，更要将东部地区的管理经验、经营方法引入东北国企。为了实现这一目的，对口合作省份都在合作方案中提出了一些有利于对口合作地区各方参与国企改革的政策条款。

2. 产业结构方面

东北地区应充分发挥自身优势，实现东北地区装备制造业与东部地区有效对接，在合作中实现东北地区装备制造业的结构调整和升级，推动东北地区装备制造业走出国门。鼓励东部地区与东北地区制造业企业开展创新合作，尤其是共同面向"工业互联网""智能制造""数字工业"等制造业发展前沿方向，提升"数字经济"时代中国东北工业转型发展能力。支持东北地区运用农业基础优势，与对口合作地区开展现代化农业产业链合作，探索"农业+电商""农业+内容""农业+工业"等延长农业产业链的新模式，提升东北地区农业生产者的耕种积极性，强化区域粮食安全保障能力。鼓励两地开展金融合作与金融资本合规业务，利用东部地区先进经验服务东北地区发展。另外，充分利用两地自然资源、历史文化差异性较大的特点，探索开展区域间旅游业合作的方式。

3. 科技创新方面

两地间的科技发展水平和人才资源存在着不容忽视的差距，方案中鼓励两地间加强科技研发合作从而带动东北地区科技发展，通过开展跨区域的科技研发和成果转化、人才合作、共建高校等方式加以解决。

4. 平台建设方面

常态化两地间的智库交流，开展合作论坛，共享资源交易平台。利国东部地区发展电商平台的先进经验与产业基础，帮助东北地区丰富互联网招商渠道，增强东北地区参与互联网经济、电商经济等新业态的能力。两地间的合作涉及经济生活的多个领域，随着对口合作的逐渐推行，对口省市之间要开展多方位、多形式的合作项目。

(三) 对口合作的基本原则

22号文中提出四项对口合作基本原则，除黑—粤、长—津的对口合作实施方案中没有明确提出合作原则外，其余5对省市均以22号文为基础对应自身特点提出了合作原则。5对省市合作方案中的合作原则将22号文中的"地方主体，国家支持"一项删掉，另补充一项或只剩三项内容，剩下的三项内容与22号文相同，各地的补充内容基本可以用"优势互补"来概括。

1. 政府引导、市场运作

此次对口合作政策由国务院和国家发改委牵头，各对口省、市政府及发改部门承接。根据22号文，各级政府机构在对口合作中的作用是统筹规划、组织协调、搭建平台，但最终还是要通过发挥市场在资源配置中的主导作用实现资源、技术的合理流通，最终促进东北地区经济进步。

2. 地方主体、国家支持

要鼓励地方政府主动承担责任，将对口合作作为日常必需工作，积极进行沟通协调，充分起到引导作用。国家有关机关应对合作工作给予必要的指导，加强政策扶持。

3. 互利共赢、突出特色

合作双方应充分发挥自身优势产业，实现合作双方相互补充、取长补短，结合各地实际拓广合作领域，开发新型合作模式。

4. 重点突破、示范带动

对口合作应加强两地间重点领域的合作，先解决东北地区经济发展中最为突出的问题，实现重点领域的突破。针对东北问题比较集中的领域学习和借鉴东部地区的先进经验和管理理念，力争打造一批合作样板，把对口合作工作推向深入。

（四）对口合作的主要目标

综合分析22号文和7对省市的对口合作方案，可将对口合作的目标简单概括为：建机制、成体系；建平台、促合作；有政策、有保障。

1. 建机制、成体系

2020年是对口合作取得实质性进展的一年。截至2020年，各对口合作地区间已建成了完善的对口合作机制，形成了社会各界广泛参与的合作体系。两地之间人才交流更加常态化、规范化。

在合作初期政府的作用尤为重要，按照规划，到2020年参与对口合作的省市之间应该已经形成了有效的合作运行机制，各对口省市及其辖区内各级行政主管部门、企业、科研机构、社会团体之间逐渐建成了长期交流、沟通、合作的组织形式。

2. 建平台、促合作

合作平台建设既是对口合作的重要目标，也是实现产业合作的重要手段。多地在合作方案中提出，在合作初期构建以产业园区为代表的合作平台，通过合作平台的建设为多领域合作提供基础和空间。

重点领域的合作是对口合作的主要切入点，两地充分发挥各自的产业优势寻求合作空间，通过重点领域的优势互补实现双赢，进而带动其他相关产业间的合作。

3. 有政策、有保障

对口合作是以对口援助、区域合作为实践基础的一种新型合作方式，很多领域都处在探索阶段，在实践中逐渐摸索规律。形成合作双方互利共赢的政策体系是对口合作顺利实施和长久有效的必要保证。

在保障方面，22号文要求各级政府部门完善合作机制，从中央到地方成立合作领导小组，制定相关措施；制订实施方案并进行有效监督和评估检查；从资金和政策方面对对口合作给予扶持。

二、分省对口合作实施方案

对口合作工作于2017年初全面铺开,对两地尤其是东北地区的经济社会产生了巨大影响,合作成效已初步显现。但由于获取资料和数据的限制,本书将以辽宁—江苏、吉林—浙江、黑龙江—广东六省市作为主要研究对象,进行详细阐述。一些需要进行实地调查或访谈的内容以辽宁—江苏的合作为主。

到目前为止,各对口省市已经全部建立了对口合作常设领导机构,由地区主要负责人任领导职务,并在具体工作中充分发挥组织、协调等作用,形成了比较完善的对口合作政策和比较完备的对口合作机制,对口合作的各项工作也在有条不紊地向前推进。由此,国内首创区域合作发展模式探索、双方合作成效显著、三级区域协同发展战略框架初步形成。下面将东北三省和东部三省的对口合作细节进行阐述和分析。

(一)辽宁与江苏对口合作框架

为了确保合作项目实施过程能够在合作方之间及时互通有无,合作双方分别成立了对口合作领导小组,政府领导间建立了定期会商制度。建立由省发展改革委牵头负责、统筹协调省直各有关单位和有关市共同参与的对口合作工作机制;并在实践探索中,逐步建立对口合作工作的统筹推进、动态跟踪、定期统计和宣传报道等制度。

辽宁和江苏共同编制的《辽宁省与江苏省对口合作实施方案》,紧密围绕国务院明确的东北地区与东部地区部分省市对口合作的重点任务,推动两省相关部门深度合作。两省共同制定出5大项、24小项重点合作内容(见表7-2),并将每一项内容具体落实到相关部门。通过具体分工,责任主体更加明确,为合作项目的精准实施提供了基本的组织保障和统筹保障。

表7-2　　辽宁省与江苏省对口合作重点项目及内容

重点项目	深化改革扩大开放	开展产业务实合作	提升创新创业水平	推动人才交流	推进平台载体建设
主要内容	对标先进体制机制；推动国有企业改革；加快发展民营经济；搭建经贸合作平台；深化智库合作	发展现代服务业；发展物联网、信息技术；加快发展装备制造业；发展节能环保产业；促进港口联动发展；发展文化旅游产业；发展医药健康产业；加强农业产品推广和产业化合作；推动军民融合发展	科技研发与转化；推动创业创新合作	促进高等院校交流；鼓励干部互派；加强高端人才合作；开展对口培训；共享人力资源	探索合作产业园区共建；深化城市建设合作；搭建多层次合作平台

资料来源：《国家发展改革委关于印发辽宁省与江苏省对口合作实施方案的通知》。

（二）黑龙江与广东对口合作框架

黑龙江与广东共同编制了《黑龙江省与广东省对口合作实施方案》，根据国务院的对口合作方案，两省制订了适合两省实际情况的合作方案，其中共拟定了4大项、18小项内容（见表7-3）。

表7-3　　黑龙江省与广东省对口合作重点项目及主要内容

重点项目	体制机制创新	加快产业结构调整	提升科技创新创业水平	加快合作平台建设
主要内容	行政管理体制改革；国有企业改革；民营经济发展；对内对外开放；发展理念共享	装备制造业等优势产业；新兴产业；农业和绿色食品产业；金融和物流业；文化、旅游和健康产业	科技研发与转化；高校院所交流合作；创业创新合作；加强人力资源交流合作	功能区对接；合作园区共建；重点城市合作；多层次合作体系建设

（三）吉林与浙江对口合作框架

吉林与浙江同样编制了《吉林省与浙江省对口合作实施方案》。方

第七章 新发展格局下东北地区与东部地区对口合作政策体系研究

案中明确了两省的合作原则：政府引导，市场运作；突出特色，互利共赢；重点突破，示范带动；创新机制，探索路径。

合作方案中将两省的合作内容划分为6个重点大项，每个大项包含若干小项，总共38小项内容（见表7-4）。

表7-4　　　吉林省与浙江省对口合作重点项目及主要内容

重点项目	体制机制创新	产业协同合作	基础设施共建	重点平台对接	创新创业共享	干部人才交流
主要内容	对标浙江简政放权；推进投资承诺制度；浙企参与吉国企改革；民企发展机制；金融体系建设；内贸流通体制改革；长吉图战略经济区对接；完善水治理体系；建设特色小镇；合作发展飞地经济	"中国制造"2025试点；车联网产业建设；新材料新能源开发；装备制造业开发；食品产业发展；粮食企业对接；畜牧业合作；电商资源对接；旅游业合作开发；文化交流新渠道	推进基础设施建设；完善PPP管理体系；引浙资投资环境建设；建设物流信息平台	加强重点平台对接；新经济区合作；浙江产业园建设；多产业平台建设；建立智库联盟；招商引资经贸交流	建立科技合作机制；推进科技成果转化；推介典型双创案例；高校共建联合培养	干部挂职长效机制；针对性教育培训；派遣人员赴浙学习；开展学习交流活动；加强人才培养培训

资料来源：吉林省发展和改革委员会官网（http://jldrc.jl.gov.cn/）。

表7-2~表7-4中的内容分别由辽宁省、黑龙江省、吉林省发改委起草，在与各自对口省份进行充分沟通磋商并达成一致的基础上，报省、国家审批通过的。由于起草方为东北三省，从内容中可以看出，主要合作项目大部分为促进东北地区经济体制改革和技术创新，为东北振兴服务，这与对口合作的初衷并不相违背。这也正是对口合作工作有待研究和改善之处，"对口合作"不是"对口援助"，要在合作中形成双赢的局面才是合作能够长久的基础，因此如何能在"帮扶"的基础上同时促进东部发达省份经济更好地发展，是值得研究的。

第二节 对口合作对东北振兴的经济增长效应研究

一、对口合作推动东北地区经济增长的效应分析

对口合作机制的目的是让东北地区积极学习东部地区先进经验、深入推进体制机制创新、经济结构和产业结构调整以及高新技术应用等，最终实现东北经济振兴。本节首先介绍政策分析和项目评估计量方法，并选取适合政策效应评估的 PSM – DID 方法，进一步选取核心变量并构造计量模型对东北经济增长进行实证分析，最后将实证结果结合实际进行分析。

（一）实证分析方法和模型选择

目前政策分析和项目评估应用最多的方法主要有断点回归（Regression Discontinuity，RD）、双重差分（Difference In Differences，DID）和倾向评分匹配（Propensity Score Matching，PSM）方法。接下来将简要概述以上三种方法，并选取符合东北地区与东部地区对口合作机制特点的分析方法。

1. 断点回归法

断点回归是西斯尔维特和坎贝尔（Thistlewaite & Campbell，1960）率先提出的，该方法被认为是最接近自然实验的分析方法，近几年因其估计结果科学、能避免内生性问题等优点在经济学界广泛应用。本书只简要介绍模糊断点回归的分析步骤。

第一，画散点图判断在临界值处是否存在断点，并进一步检验断点回归的类型。先画出结果变量与赋值变量的散点图，判断是否存在断点。

第二，建立回归模型进行估计，并采用两阶段最小二乘法（Two

Stage Least Square，2SLS）进行估计。

第一阶段回归方程为：

$$d_i = \phi + \varphi T_i + g(x_i - \tilde{x}) + \varepsilon_i \tag{7.1}$$

第二阶段回归方程为：

$$y_i = \alpha + \beta d_i + f(x_i - \tilde{x}) + \mu_i \tag{7.2}$$

其中，$T_i = I(D_i)$ 是 D_i 的示性函数；$T_i = 1$，表示研究个体受到处置；$T_i = 0$，表示研究个体未受到处置；y_i 表示研究个体的结果变量。

第三，稳健性检验。断点回归分析法可通过调整宽带以及执行变量的函数形式、局部多项式回归、协变量连续性检验和执行变量操纵检验等方法进行稳健性检验。

断点回归是目前政策效果评估较为常用的方法之一，但其也有一定的局限性。例如，其非混淆假设条件很严格，要求研究对象必须具有相同的性质，并且断点回归的结果呈现的是局部平均效应，因此在整体研究中受限。

2. 双重差分法

双重差分法是基于自然实验得到的数据，通过一个反事实的框架来研究个体在受到政策干预前后的被解释变量变化。双重差分模型的使用要求数据满足三个假设条件，第一是政策干预只对处理组起作用，而不会影响到控制组；第二是其他控制变量必须对控制组和处理组个体带来相同的影响作用；第三是研究样本的特征在政策实施期间不会出现大幅度变化。

双重差分模型构建具体如下：

$$Y_{it} = \alpha_0 + \alpha_1 du + \alpha_2 T + \alpha_3 du \cdot T + \varepsilon_{it} \tag{7.3}$$

这也是最基本的 DID 模型，其中，Y_{it} 表示研究的因变量，du 是分组虚拟变量，处理组 $du = 1$，控制组 $du = 0$；T 是政策干预虚拟变量，干预前 $T = 0$，干预后 $T = 1$。若研究个体处于控制组，则模型可以表示为：

$$Y_{it} = \alpha_0 + \alpha_2 T + \varepsilon_{it} \tag{7.4}$$

所以控制组个体在政策干预前后被解释变量分别为：

$$Y = \begin{cases} \alpha_0, & T=0 \\ \alpha_0 + \alpha_2, & T=1 \end{cases} \quad (7.5)$$

得到：

$$\text{diff1} = (\alpha_0 + \alpha_2) - (\alpha_0) = \alpha_2 \quad (7.6)$$

若研究个体处于处理组，则模型可以表示为：

$$Y_{it} = \alpha_0 + \alpha_1 + \alpha_2 T + \alpha_3 T + \varepsilon_{it} \quad (7.7)$$

所以控制组个体在政策干预前后的被解释变量分别为：

$$Y = \begin{cases} \alpha_0 + \alpha_1, & T=0 \\ \alpha_0 + \alpha_1 + \alpha_2 + \alpha_3, & T=1 \end{cases} \quad (7.8)$$

得到：

$$\text{diff2} = (\alpha_0 + \alpha_1 + \alpha_2 + \alpha_3) - (\alpha_0 + \alpha_1) = \alpha_2 + \alpha_3 \quad (7.9)$$

最后得到政策干预的净影响，即 DID 模型交互项的回归系数：

$$\text{diff} = (\alpha_2 + \alpha_3) - (\alpha_2) = \alpha_3 \quad (7.10)$$

DID 模型的稳健性检验同样必不可少，现有研究一般采用共同趋势检验、安慰剂检验、更换对照组或者被解释变量等方法。该模型因其原理和设置简单、操作方便被广为应用，但也存在一定的局限性，比如 DID 模型要求实验样本的选择必须是外生随机的，然而现实中政策的实施带有一定的目的性和主观性，以及政策本身所引起的内生性反应等。

3. 倾向评分匹配方法

倾向评分匹配方法的基本原理可以简要概括为：为更准确评估某个政策的干预效应，在对处理组和控制组分析时应尽可能减少"混淆"变量的影响。我们在政策评估时需要得到处理组分别在受到干预和未受到干预状态下的数据，但后者是无法观察到的，称之为"反事实"。因此只能使用控制组个体在未受到干预状态下的观测结果予以代替，此时便需要倾向评分匹配方法通过 Logistic 函数计算个体倾向值，并进行得分配对，完成"反事实推断模型"下的政策评估。倾向评分匹配步骤具体如下：

第一，计算研究个体的倾向值。以干预变量作为因变量，将其他"混淆"变量作为自变量进行 logistic 回归，实际操作一般采用 logit 为倾向评分，即 $\text{logitp} = \ln\left(\dfrac{p}{1-p}\right)$，最终得到干预概率估计值。

第二，选择合适的匹配方法进行配对。最邻近匹配法是最直接也最简单的匹配方法，其以倾向得分为依据，在控制组个体中找出与处理组个体得分最接近的得分，进行一对一或者一对多匹配。

第三，检验匹配质量。匹配结果是否合理通常检验匹配后的平衡性，公式为：

$$SB = 100 \cdot \dfrac{\overline{x_1} - \overline{x_0}}{\sqrt{0.5(v_1(x) + v_0(x))}} \quad (7.11)$$

其中，$\overline{x_1}$ 为处理组均值，v_1 为处理组样本方差，$\overline{x_0}$ 为控制组均值，v_0 为控制组方差。一般而言，SB 值越小代表匹配效果越好。

第四，结果估计和敏感性分析。选择合适方法即可估计最终匹配结果，为验证模型的稳健性须进行敏感性分析，具体公式为：

$$\tau_i = \Pr(T_i = 1 \mid x_i) = F(\beta x_i + \gamma u_i) \quad (7.12)$$

其中，u_i 包含遗漏的混淆变量，γ 是 τ_i 的偏效应，当 γ 显著不为 0 时则说明效果较差。

倾向评分匹配法的局限性主要体现在其非混淆假设难以满足，并且没有考虑到变量的交互作用，只考虑了单一变量的效果。

如前所述，三种政策评估方法均有各自的优势和不足。东北地区与东部地区建立对口合作机制是国家为振兴东北主动采取的战略措施，具有很强的目的性和主观性，并且政策实行时间较短，数据分析面临样本量少、变量多的局面。因此本书参考现有文献，首先采用倾向得分匹配方法对众多"混淆"变量进行降维处理，其次找到与处理组类似的控制组个体以消除政策实施的主观性和目的性，最后建立 DID 模型对处理组和控制组进行分析，找出对口合作机制对东北地区以及东部地区经济效应的净影响。

(二) 模型的构建与变量选取

1. 模型构建

为消除政策实施的主观性和内生性,准确评估对口合作机制给东北地区带来的经济效应,本书将采用 PSM-DID 方法建立计量模型。

处理组个体为在 t 年实施对口合作机制的地区,即在 t-1 年未实施对口合作战略,但在 t+1、t+2 年实施该政策;控制组个体为一直未实施对口合作机制的地区。设地区(省、市)在 t 年实施对口合作政策的虚拟变量为 D,D=1 表示该地区在 t 年实施了对口合作,属于处理组个体;D=0 表示该地区未实施对口合作,属于控制组个体。用 Y_{it} 表示某地区 i 在时期 t 的经济效应,则在 PSM 估计中,实施对口合作机制对该地区产生的影响平均处理效应(Averge Treatment Effects on Treated, ATT)表示为:

$$ATT = E((Y_{it}(1) - Y_{it}(0) \mid D_{it} = 1))$$
$$= E((Y_{it}(1) \mid D_{it} = 1)) - E((Y_{it}(0) \mid D_{it} = 1)) \quad (7.13)$$

由式(7.13)可以看出,$E((Y_{it}(0) \mid D_{it}=1))$ 是此模型中的"反事实",根据倾向评分匹配方法原理,可以使用控制组经济效应来近似代替处理组中实际实施但未实施情形下的经济效应。"倾向评分"计算公式为:$P = Pr\{(D_{it} = 1 \mid X_{kt-1})\}$,其中,k=i 表示处理组地区,k=j 表示控制组地区,X_{kt-1} 表示影响地区实行对口合作政策的因素。计算出倾向评分后,采用最邻近匹配法进行处理组与控制组个体配对,随后进行平衡性检验以及敏感性分析,前面有所提及,在此不再赘述。

倾向评分匹配后,参考现有文献,建立以下 DID 模型:

$$Y_{it} = \beta_0 + \beta_1 du_{it} + \beta_2 T_{it} + \beta_3 du_{it} \cdot T_{it} + \beta_4 X_{it} + \varepsilon_{it} \quad (7.14)$$

同样地,Y_{it} 表示实施对口合作政策的地区经济总效应,du=0 代表未实行对口合作政策的地区,du=1 代表实行了对口合作政策的地区,T=0 代表对口合作政策实施以前的年份,T=1 代表对口合作政策实施以后的年份,X 表示一系列控制变量,ε 代表随机扰动项。

该模型中,东北地区对口合作政策实施前后的总效应变化为 β_2 +

第七章　新发展格局下东北地区与东部地区对口合作政策体系研究

β_3，没有实行对口合作政策的地区在政策实施前后的变化为 β_2，因此，对口合作政策给东北地区带来的净影响为 β_3，具体原理在前面已提及，在此不再赘述。

本书构建 PSM – DID 模型的具体操作步骤为：①采用 logit 回归估计处理组与控制组中个体的倾向得分，并采用最邻近匹配法配对；②计算出实行对口合作地区的结果变量在政策前后的变化，并计算出与之配对的控制组地区在政策实施前后结果变量的变化；③用实行对口合作地区的结果变量在政策前后的变化减去与之配对的控制组地区在政策实施前后结果变量的变化，得到实行对口合作政策的净影响。

2. 变量选取

（1）结果变量。

经济总效应（eco）：东北经济持续低迷是实行对口合作政策的根本原因之一，黑龙江、吉林和辽宁三省 GDP 增速一直处于全国末流地位，并且辽宁省 GDP 在 2016 年出现了负增长，投资效率低下、体制机制改革缓慢、资源日渐匮乏、人才流失严重等因素进一步导致经济活力丧失，最终形成恶性循环。因此，本书分别选取人均实际 GDP 水平和实际 GDP 来衡量东北地区的经济总效应。

（2）控制变量。

控制变量包括：第三产业比重（thi）、教育程度（edu）（每万人在校大学生数）、基础设施建设（inf）（新增固定资产投资占 GDP 比重）、政府投资水平（gov）（政府投资额占 GDP 比重）。

本书选取 2010~2019 年全国 283 个地级市为样本，处理组为实行对口合作政策的地区，即辽宁、吉林、黑龙江、江苏、浙江、广东六个省份的地级市，控制组为其他未实行对口合作政策省份的地级市。值得注意的是，对口合作机制对东部先进省份与东北地区带来的效果不同，所以将处理组样本进一步划分为东北地区 34 个地级市（辽宁省 14 个，吉林省 8 个，黑龙江省 12 个）和东部地区 45 个地级市（江苏省 13 个，浙江省 11 个，广东省 21 个）两组来分别研究，本章只研究东北地区处理组样本，因此样本为全国 237 个地级市。以上数据均来自相关年份

《中国城市统计年鉴》《中国人口和就业年鉴》等以及各地区统计年鉴和国家统计局数据库、中经网数据库等,部分数据来自东北地区与东部地区对口合作政策文件。本书参考张军(2004)和徐现祥(2007)的方法,将地区生产总值、政府投资额等数据用固定投资价格指数和GDP平减指数进行处理。各变量的统计性描述如表7-5所示。

表7-5　　　　　　　　　主要变量描述性统计

变量名称	平均值	中位数	最大值	最小值	标准差
gdp	2064.309	4013.903	30772.68	101.0727	5648.36
pergdp	38746.97	43198.53	188276.8	5600.514	3494.719
thi	36.67492	40.87342	82.32546	8.795886	24.08565
edu	112.6593	219.779	2544.984	0.844336	287.8926
inf	38.94431	43.11304	100.4131	0.933692	23.50376
gov	7.274589	18.71653	47.30714	0.097423	13.18709

(三)经济增长效应的实证结果分析

1. 对口合作对东北地区经济效应的初步检验

先用DID方法评估对口合作政策对东北地区经济效应的影响,回归结果如表7-6所示。其中,模型1和模型2是未加入控制变量的回归方程结果,被解释变量分别为地区实际GDP和人均实际GDP;模型3和模型4是加入了控制变量的回归方程结果,被解释变量与模型1、模型2相同。在未加入控制变量时,对口合作政策分别在10%和5%的显著性水平下促进了东北地区经济总效应,并且对人均实际GDP的作用效果较为明显;加入控制变量后,对口合作政策对东北地区经济总效应的促进作用显著性明显加强。

表7-6 对口合作对东北地区经济效应分析

解释变量	lngdp 模型1	lnpergdp 模型2	lngdp 模型3	lnpergdp 模型4
T	0.8121 ** (0.0281)	0.5182 *** (0.0001)	0.3321 *** (0.0000)	0.1819 ** (0.0312)
du	0.5418 (0.2782)	0.2923 ** (0.0291)	0.4022 ** (0.0438)	0.1311 *** (0.0000)
du * T	0.0153 * (0.0778)	0.0883 ** (0.0467)	0.0411 *** (0.0031)	0.1112 *** (0.0001)
thi			0.0272 * (0.0713)	0.0424 ** (0.0291)
edu			0.0015 *** (0.0000)	0.0162 ** (0.0284)
inf			0.0389 *** (0.0001)	0.0541 *** (0.0000)
gov			0.1132 (0.1285)	-0.1457 ** (0.0213)
常数项	18.1233 ** (0.0401)	12.3441 *** (0.0001)	11.3439 *** (0.0000)	7.3221 *** (0.0004)
修正后 R^2	0.2912	0.3021	0.4521	0.5501
F 值	31.5558 ***	38.3423 ***	213.4113 ***	291.8430 ***

注：***、**、* 分别代表系数在1%、5%、10%的显著性水平上显著，如不特殊说明，下同。

计量结果表明，自新一轮东北振兴战略（即对口合作政策）实施以来，东北地区积极进行体制机制改革、产业结构调整，不断学习东部地区先进经验来促进地区经济复苏，说明国家对口合作政策在东北地区的效果较好。体制机制方面，东北地区政府与东部先进地区实行干部挂职互派制度，积极学习东部地区行政经验，优化政府职能；产业结构方面，东部地区优质金融行业入驻东北促进了该地区新兴产业的发展，对东北地区的产业结构起到了一定的优化作用；科技创新方面，东北地区与东部地区建立科技成果研发转化的合作机制以及各高校人才联合培养体系；合作平台建设方面，东北地区与东部地区共同建立产业园区进行产业的深层次交流与合作，并积极进行广告宣传，以促进东北地区旅游业的发展。值得注意的是，虽然对口合作政策对东北地区经济总效应起到了促进作用，但在具体层面上，仍然存在着较大问题，比如政府投资效率低下、产业结构调整遭遇瓶颈、科技成果转化困难等。

控制变量基本符合预期，第三产业占比增加对促进东北地区经济增长有显著作用，第三产业比重往往能代表一个地区产业结构的高级化程度，该比重越高说明经济体发展质量越高；教育水平同样促进了东北地区经济增长，促进效果较其他控制变量较小，表明人才确实是经济实现可持续发展的第一资源，但东北地区同样面临人才流失等问题；基础设施建设的系数显著为正，表明完善的基础设施建设不仅能够吸引投资，而且其本身就是拉动经济增长的主要动力；政府投资水平对东北地区经济增长的作用不明显，并且对人均实际 GDP 增长还有一定的负作用，原因可能为东北地区政府投资较多，对市场干预程度过高，从而导致政府投资效率低下并挤出了民间投资。

2. PSM – DID 稳健性检验

为了保证政策评估的准确性，降低 DID 估计可能存在的误差，本书对回归方程进行了 PSM – DID 稳健性检验，检验结果如表 7 – 7 所示。第一，将政策赋值变量 du 与其他控制变量进行 logit 回归计算倾向得分值，根据得分值进行样本匹配；第二，本书继续对模型进行了共同支撑假设检验，协变量检验结果显示，匹配变量不存在显著性差异，但政策赋值变量的各个指标差异明显，说明 PSM – DID 应用正确。由稳健性检验结果可以看出，无论是对东北地区实际 GDP 还是人均实际 GDP，对口合作政策都起到了显著的促进作用；其中，对地区实际 GDP 的促进作用为 0.0379%，而对人均实际 GDP 的作用效果较大，为 0.1214%。

该检验得出的结论与前面得出的结论基本一致,所以我们认为近几年实施的对口合作政策确实有利于促进东北地区的经济增长。

表 7-7　　　　　PSM-DID 稳健性检验

	lngdp lnpergdp			lnpergdp lnpergdp		
	T=0 时处理组与控制组差分	T=1 时处理组与控制组差分	双重差分结果	T=0 时处理组与控制组差分	T=1 时处理组与控制组差分	双重差分结果
差分值	0.2121	0.2711	0.0379	0.4327	0.5521	0.1214
标准误	0.0316	0.0388	0.0113	0.0218	0.0315	0.0328
p 值	0.0000***	0.0001***	0.0001***	0.0070***	0.0000***	0.0000***

二、东北振兴的体制机制创新效应分析

(一)体制机制创新的路径分析

制约东北经济发展的核心问题是体制机制的问题。2018 年 9 月,习近平总书记在深入推进东北振兴座谈会中明确指出:"东北在体制机制、经济结构、对外开放、思想观念方面存在'四大短板'。"[①] 东北三省曾长期处于计划经济体制下,政府对于市场的干预度过高,政府的越界行为使得市场难以发挥主体作用。进一步地,东北地区国有企业在产业集群中占据主导地位,大部分国有企业本身效率低下、资源浪费、技术创新不足等问题导致整个市场活力低下,地区经济持续低迷。体制机制的改革和创新并不是单一维度上的改变,而是多个维度、多条途径上

---

① 中华人民共和国中央人民政府网:《奋力书写东北振兴的时代新篇——习近平总书记调研东北三省并主持召开深入推进东北振兴座谈会纪实》,https://www.gov.cn/xinwen/2018-09/30/content_5326900.htm?cid=303。

的调整和优化，国家新一轮的东北振兴政策试图多举措并举解决东北体制机制难题。基于此，本书在分析对口合作政策对体制机制的创新效应时，试图从释放国企活力、改善营商环境和提高政府投资效率三条路径分析，并进行一系列实证检验。

1. 国有企业改革路径

国有企业改革问题始终困扰东北地区体制机制改革，其国有企业症结主要体现在两方面。一方面，东北地区国有企业比重过高，且在产业集群发展中处于主导地位。通过《中国统计年鉴》数据计算发现，东北地区国有企业占比远远超过全国平均水平；以2018年为例，辽宁国有企业资产占规模以上工业企业总资产的比重约为45%，吉林约为54%，黑龙江则达到了64%，这些大型国有企业大多集中在传统经济行业，其规模大、职工多、负债重、利润低等问题严重。而东北地区国有企业在产业集群发展方面占据主导地位，东北地区处于"强政府、弱市场"状态，政府控制国企来左右市场是其干预市场的重要手段，即使进行混改后的国企国有股份比重仍然过高。值得注意的是，即便国有股份占比较少，但其在公司中的话语权依然很重。另一方面，东北地区国有企业效率低下，难以实现转型升级。根据Wind数据库资料计算，东北地区国有企业亏损率比其他地区高出6.2%。国企效率低下主要因为其长期处于垄断地位，或者计划经济体制下缺乏竞争意识和创新能力，并且政府投资不断进入国有企业，使其出现资源浪费严重、滋生腐败等问题。东北地区国有企业长期"养尊处优"，使其大部分成员思想观念转变困难，改革进程始终难以深化。

对口合作政策的实施为东北地区国有企业引进了先进管理经验，东部地区优质企业积极参与东北地区国有企业重组改革也为东北地区带来了新的活力。具体而言，东北特钢等三家东北国企已出台方案，由东部地区国企以入股、并购、合作等模式参与企业改革重组工作。与此同时，大连、哈尔滨、吉林等分别派出国企主要负责人赴东部地区同类型国企学习先进管理经验，培养企业经营管理能力，盘活东北国企优质资源。可以看出，对口合作政策的实施同样以国有企业改革为突破口，为东北地区体制机制创新带来促进效应。

2. 营商环境改善路径

东北地区营商环境问题一直被广为诟病，一方面是国有企业长期处于主导地位，并且垄断某些产品市场，使得民营经济难以发展，而东北地区政府投资大多流入国企导致民间投资不足，难以保持市场活力。另一方面，地方政府职能有待改善。"强政府"背景下，民间资本不愿落户东北，其原因在于可预期收益低，相关配套设施不完善，政策的持续性和稳定性不足。甚至某些地方政府靠"空头支票"引进投资，企业落户后却不予以兑现和支持。

营商环境改善是东北地区体制机制创新的主要方面之一，对口合作政策为东北地区学习东部地区先进经验提供了良好契机。在国家发改委牵头下，东北三省积极选派干部到东部合作地区学习考察，对标东部地区民营经济政策机制，制定出台了关于保护民营企业合法权益的一系列方案，吸引东部地区优质民营企业到东北地区投资兴业。进一步地，东北地区积极开展"上海企业大连行""江苏企业辽宁行"等活动，试图打造国际营商环境样板，展现东北地区政府职能优化、尊重民企的决心，破除部分企业家"投资不过山海关"的固有看法。在积极引进投资的同时，东北地区政府还加快"政企分离"改革，让国有企业与民营企业在市场竞争中处于平等地位，并且完善相关政策体系和规章制度，杜绝政府公职人员对民营企业"吃拿卡要"、懒政怠政的行为。

3. 政府投资效率提升路径

东北地区曾经作为共和国长子，从新中国成立初期就获得政府大量投资支持，使得东北经济曾长期处于我国领先地位。尤其是东北经济以重工业为主，出于政治、国家安全等因素的考虑，政府投资基本流入国有企业，使其在政策扶持下缓慢发展。但随着市场经济取代计划经济，大量政府投资带来的弊端也逐渐显现出来，政府投资不仅没有带动民间投资，还挤占了民间资本的利润空间，而资金大部分流入国有企业尤其是应当被市场淘汰的僵尸企业，大大降低了政府的投资效率。2003年提出的振兴东北老工业基地战略，又进行了新一轮的政府大规模投资，但投资效率依旧不高,促进经济增长的效应也不明显。而大量且持续的投资流入国有企业,让部分企业养成"大事小事靠政府"的惰性理念,造成国企改革难、改革慢、改革难以深化的现象。

东北地区政府充分利用对口合作契机学习先进省份的成功经验,不断调整政府投资策略,充分尊重民间资本的市场地位。在此基础上,东北地区政府积极完善相关政策机制,保证政府投资的合理性和科学性,让资金用来扶持新兴的科技企业、服务企业,用来改善基础设施建设,提高人民生活水平。东北地区还努力发挥政府投资在产业集群建设的整合作用,加强集聚区之间的企业联系,将投资应用到产业链的转型升级中。对口合作政策的实施在一定程度上提升了东北地区的政府投资效率,促进了东北地区体制机制的改革与创新。

根据上述理论分析,本书建立了以下待实证检验的假说:

假说1——国有企业改革路径:对口合作政策通过国有企业改革促进东北地区体制机制创新。

假说2——营商环境改善路径:对口合作政策通过改善营商环境促进东北地区体制机制创新。

假说3——政府投资效率提升路径:对口合作政策通过提升政府投资效率促进东北地区体制机制创新。

(二) 模型的构建与变量的选取

1. 模型构建

根据上述分析,本书设立 PSM - DID 模型检验对口合作政策给东北地区带来的体制机制创新效应,具体模型如下:

$$Y_{it} = \beta_0 + \beta_1 du_{it} \cdot T_{it} + \beta_2 X_{it} + \varepsilon_{it} \qquad (7.15)$$

进一步地,为验证前面分析的三种可能存在的体制机制创新路径,本书借鉴巴伦和肯尼(Baron & Kenny, 1986)、石大千等(2018),建立回归模型验证提出的假说。具体步骤为:①将倍差项与东北地区体制机制的创新效应进行回归,如果系数显著,则说明对口合作政策确实能影响到东北地区体制机制创新;②将倍差项和三种路径可能分别进行回归,如果系数显著,则说明对口合作政策确实能够对三种路径有影响;③将倍差项、三种路径可能和体制机制创新效应同时进行回归,如果倍差项变得不显著或者显著但系数降低了,则证明对口合作政策确实通过以上三种路径可能促进了东北地区体制机制创新。计量模型如下:

(1) 验证对口合作政策对东北地区体制机制创新效应的影响:

$$Y_{it} = \beta_0 + \beta_1 du_{it} \cdot T_{it} + \beta_2 X_{it} + \varepsilon_{it} \qquad (7.16)$$

(2) 验证对口合作政策对三种路径可能的影响:

$$road_{itj} = \alpha_0 + \alpha_1 du_{it} \cdot T_{it} + \alpha_2 X_{it} + \varepsilon_{it} \qquad (7.17)$$

(3) 验证对口合作政策是否通过三种路径可能促进东北地区体制机制创新:

$$Y_{it} = \gamma_0 + \gamma_1 du_{it} \cdot T_{it} + \gamma_2 road_{itj} + \gamma_3 X_{it} + \varepsilon_{it} \qquad (7.18)$$

其中,$road_{itj}$表示三种路径可能,Y_{it}表示东北地区体制机制创新效应,du_{it}表示分组赋值变量,T_{it}表示时间赋值变量,X_{it}表示控制变量,ε代表随机扰动项,具体指标选取下面将进一步阐释。

2. 变量解释

(1) 核心变量。

体制机制创新(sys):东北地区经济持续低迷的深层次原因是体制机制问题,主要表现为政府对市场干预度过高、民营企业生存空间小、产业结构不合理等。因此本书选取樊纲等(2003)的计算方法,以各省份市场总指数来反映地区体制机制创新,该指数对东北地区体制机制创新效应有着很强的解释力。

(2) 中介变量。

国企改革路径(sta):对口合作政策通过积极推进国有企业改革,让东部地区优质企业参与东北国企混改,优化东部地区国有企业结构,助其转型升级、扭亏为盈。因此,选取规模以上工业企业中的国有企业占比来代表国有企业改革路径。

营商环境改善路径(bus):良好的营商环境能够吸引投资,鼓励外来企业落户。对口合作政策让东北地区积极吸引东部地区企业投资,并制定相关配套政策,建立产业园区,为落户企业的建厂、销售以及税收提供服务和优惠。因此，本书选取新增企业数来代表营商环境改善路径。

政府投资效率提升路径（inv）：有效率的政府投资一方面能够拉动地区经济增长，提供就业机会；另一方面还能带动民进投资进入市场，保持市场活力。因此，选取政府投资与GDP的比值来代表政府投资效率提升路径。

（3）控制变量。

控制变量包括第三产业比重（thi）、教育程度（edu）（每万人在校大学生数）、基础设施建设（inf）（地区新增固定资产投资占GDP比重）、经济开放度（fdi）（外商直接投资额与地区GDP比值）、工业化程度（ind）（第二产业增加值所占GDP比重）。

数据来源与处理方法与前面相同，各变量的统计性描述如表7-8所示。

表7-8　　　　　　主要变量描述性统计

变量名称	平均值	中位数	最大值	最小值	标准差
sys	6.2702	5.8005	10.1917	1.2969	1.9322
sta	38.5694	44.5669	72.8272	15.8207	24.2458
bus	178389.0476	84282.5037	755541.1973	143.9906	1453.9501
inv	0.0199	0.0237	0.0542	0.0073	1.6177
thi	36.6749	40.8734	82.3255	8.7959	24.0856
edu	112.6593	219.7790	2544.9836	0.8443	287.8926
inf	6.2702	5.8005	10.1917	1.2969	1.9322
fdi	38.5694	44.5669	72.8272	15.8207	24.2458

（三）体制机制创新效应的实证结果分析

1. 对口合作对东北地区体制机制效应的初步检验

本书先用DID方法评估了对口合作政策对东北地区体制机制创新效

应的影响，回归结果如表7-9所示。为使结果显示简洁，本书只显示交叉项和控制变量估计系数，下文相同，不再赘述。模型1是基准模型，模型2和模型3是分别加入路径变量（中介变量）和控制变量的模型，模型4是所有变量全部加上的模型。

表7-9 对口合作对东北地区体制机制创新效应分析

变量	基准模型	扩展模型		
	模型（1）	模型（2）	模型（3）	模型（4）
du * T	0.3110** (0.0309)	0.2341*** (0.0001)	0.2112*** (0.0001)	0.0711*** (0.0000)
sta		0.1214** (0.0305)		0.2101** (0.0218)
bus		0.0802*** (0.0001)		0.1531*** (0.0001)
inv		0.1152* (0.0511)		0.3752*** (0.0000)
thi			0.0789*** (0.0001)	0.0512*** (0.0000)
edu			0.0321 (0.2361)	0.0115*** (0.0001)
inf			0.0578* (0.0619)	0.0167** (0.0251)
fdi			0.0175*** (0.0000)	0.0073*** (0.0000)
常数项	17.6221** (0.0211)	10.4141*** (0.0000)	8.4311*** (0.0000)	3.5231*** (0.0000)
修正后 R^2	0.2115	0.3940	0.3215	0.6431
F 值	23.6114***	85.3320***	82.3325***	179.2284***

估计结果显示，对口合作政策对东北地区体制机制创新效应显著，并且随着控制变量和中介变量加入，交互项显著性增强。这说明对口合作政策实施以来，东北地区体制机制改革的效果较为明显。体制机制问题一直是东北地区经济活力丧失、营商环境难以改善的深层次原因，而东北地区积极进行调整改革，并通过"上海企业大连行""江苏企业辽宁行"等活动积极吸引外地投资进入东北，为东北地区经济注入新的"血液"，提高了其投资效率，带动了东北地区 GDP 的增长，这也是对口合作政策能显著促进东北地区经济增长的主要原因之一。

此外，各个中介变量系数也符合预期。国有企业改革路径系数显著为正，说明国企数量占比下降能够提高东北地区体制机制创新效应，东北地区国企过多导致民营企业发展空间不足，产品市场受到排挤，在对口合作政策下的国有企业混改能够缓解此现象。营商环境改善路径系数显著为正，说明东北地区营商环境的改善吸引了不少企业投资落户，而这些企业大多为具有科学管理经验和先进营销模式的民营企业。政府投资效率提升路径系数显著为正，对口合作政策同样伴随着大量的政府投资，但这些政府投资更加科学合理，不再流向存在产能过剩等问题的国有企业。控制变量的系数也基本符合预期，第三产业比重系数显著为正，其比重增加表明该地区高新产业越发达，对地区市场化程度越有一定的促进作用；地区教育水平对体制机制创新的作用不明显，表明虽然东北地区受教育程度水平很高，但存在人才外流、教育体制与经济体制不匹配等问题；基础设施建设系数显著为正，基础设施建设水平往往能反映一个地区政府投资对居民福利水平的促进作用，对政府体制机制创新起到促进作用；地区经济开放度系数显著为正，表明地区经济越开放，该地区营商环境越完善、企业发展模式越健康。

2. PSM – DID 稳健性检验

本节同样采用 PSM – DID 对模型的稳健性进行检验。第一，将政策赋值变量 du 与其他控制变量进行 logit 回归计算倾向得分值，根据得分值进行样本配对，回归结果显示各控制变量对被解释变量都有显著作用；第二，继续对模型进行共同支撑假设检验，协变量检验结果显示，匹配变量不存在显著性差异，但政策赋值变量的各个指标差异明显，说明 PSM-DID 应用正确。本书利用 PSM-DID 方法进行稳健性检验结果如表 7-10 所示，由稳健性检验结果可以看出，对口合作政策对东北地区体制机制创新有着显著的促进效应，与前面的结论一致。对口合作政策是我国跨区域合作制度创新发展的新模式，也是国家新一轮东北振兴政策的新机制，东北地区抓住体制机制的改革重点，在国有企业改革、营商环境改善、政府投资效率提升等方面取得了显著成就。

表 7-10　　　　　　PSM-DID 稳健性检验

	sts lnpergdp		
	T=0 时处理组与控制组差分	T=1 时处理组与控制组差分	双重差分结果
差分值	0.2031	0.2911	0.0379
标准误	0.0316	0.0468	0.0182
p 值	0.0000 ***	0.0000 ***	0.0201 **

3. 对口合作政策影响东北地区体制机制创新效应的机制检验

根据前面构建的计量模型，将对口合作促进东北地区体制机制创新的效应进行实证检验，回归结果如表 7-11 所示。第一步回归结果显示，对口合作政策的系数显著为正，说明对口合作政策能够促进东北地区体制机制创新；第二步回归结果显示，对口合作政策对国企改革路径、营商环境改善路径以及政府投资效率提升路径的系数显著为正，说明对口合作政策对以上三种路径可能起到了促进作用；第三步回归结果显示，三种路径可能和交互项的系数都显著为正，但是系数变小，表明对口合作政策通过以上三种路径可能对东北地区体制机制创新起促进作用，也证实了前面的理论假说。

表 7–11　对口合作对东北地区体制机制创新效应的路径分析

变量	第一步	第二步			第三步
	sts	sta	bus	inv	sts
du*T	0.2112*** (0.0001)	0.1051*** (0.0001)	0.4214** (0.0313)	0.3444** (0.0323)	0.0711*** (0.0000)
sta					0.2311** (0.0218)
bus					0.1411*** (0.0001)
inv					0.1643*** (0.0000)
thi	0.0789*** (0.0001)	0.0283*** (0.0001)	0.0911*** (0.0000)	0.1579** (0.0411)	0.0512*** (0.0000)
edu	0.0321 (0.2361)	0.1213*** (0.0000)	0.0241** (0.0251)	0.1132* (0.0122)	0.0115*** (0.0001)
inf	0.0578* (0.0619)	00211*** (0.0000)	0.0312** (0.0271)	0.0465* (0.0712)	0.0167** (0.0251)
fdi	0.0175*** (0.0000)	0.0921*** (0.0000)	0.0821** (0.0301)	0.1134* (0.0814)	0.0073*** (0.0000)
常数项	8.4311*** (0.0000)	4.3345*** (0.0000)	4.2412*** (0.0000)	6.6992** (0.0112)	3.5231*** (0.0000)
修正后 R^2	0.3215	0.2435	0.4011	0.6122	0.6431
F 值	82.3325***	45.3219***	81.1151***	72.2774***	179.2284***

具体而言，国有企业改革路径为体制机制创新起到的中介促进效应为 $0.1051 \times 0.2311 = 0.0243$。对口合作政策将国有企业改革作为合作重点，比如在《吉林省与浙江省对口合作实施方案》中提到，鼓励浙江企业通过多种方式参与吉林国有企业改革、改造和重组。营商环境改善路径为体制机制创新起到的中介促进效应为 $0.4214 \times 0.1411 = 0.0595$。

东北地区抓住对口合作的契机，积极在政策、市场以及法治方面全方位改善营商环境。政府投资效率提升路径为体制机制创新起到的中介促进效应为 $0.3425 \times 0.1643 = 0.0563$。对口合作过程中，政府投资、民间投资的效率都得到提升，课题组根据相关资料整理发现，京沈对口合作项目 95 个，总投资超过 1210 亿元，但这些投资都用来支持汽车、先进装备制造、生物制药、通用航空等产业发展，以带动经济的转型升级。

三、东北地区产业升级、结构优化效应分析

（一）模型的构建与变量选取

1. 模型构建

东北地区产业结构不合理一直是其短板所在，东北三省市场化程度一直低于国家平均水平，民营经济发展不足，国有企业活力难以释放。进一步地，东北地区产业结构不够合理、不够高级，该地区产业大多为资源型、重工业型，面临资源枯竭、市场竞争加大等问题难以转型升级。对口合作政策为东北地区与东部先进地区之间的合作共赢搭建桥梁，东部地区企业、政府机构通过投资、交流学习等方式助力东北地区产业结构调整。本书根据对口合作政策评估机制，建立以下 DID 模型：

$$Y_{it} = \beta_0 + \beta_1 du_{it} \cdot T_{it} + \beta_2 X_{it} + \varepsilon_{it} \tag{7.19}$$

2. 变量选取

（1）核心变量。

产业结构调整能够对地区经济社会环境带来显著影响，但产业结构调整效果如何并不能通过简单指标刻画出来。因此，本书参考干春晖等（2011）构造产业结构合理化和产业结构高级化两个指标来衡量地区产业结构调整效果。

产业结构合理化（TL）：产业结构合理化反映了地区产业之间是否协调发展，是否存在某一产业所占比重过大、占据资源过多导致的产业结构不合理现象；同时，产业结构合理化还能够反映资源配置是否合

理、资源利用是否有效,侧面反映出地区市场化程度以及与产业结构的匹配程度。本书同样选取调整后的泰尔指数来反映地区产业结构合理化,具体构建公式如下:

$$TL = \sum_{i=1}^{n}\left(\frac{Y_i}{Y}\right)\ln\left(\frac{Y_i}{Y}\bigg/\frac{Y}{L}\right) \tag{7.20}$$

其中,TL 表示产业结构偏离度,当其数值为 0 时说明产业结构合理;若不为 0,则说明产业结构存在一定程度上的偏离。Y 表示地区总产值,L 表示地区就业,i 表示产业,n 表示产业部门数。

产业结构高级化(TS):产业结构高级化能够反映地区产业转型升级程度。现阶段,以高新技术产业、信息化产业为代表的高附加值服务业是地区产业结构是否高级的重要体现。因此,本书选取地区第三产业与第二产业的产值之比来衡量地区产业结构的高级化程度。具体构造公式为:

$$TS = \frac{Y_3}{Y_2} \tag{7.21}$$

其中,TS 值越大,表示该地区的产业结构越高级。

(2)控制变量。

控制变量包括地区经济发展水平(pergdp)(人均实际 GDP)、教育程度(edu)(每万人在校大学生数)、科技投入(R&D)(R&D 经费支出占地区生产总值的比例)、外商直接投资(fdi)(外商直接投资额与地区 GDP 比值)、政府投资水平(gov)(政府投资额占 GDP 比重)。

各变量的统计性描述如表 7-12 所示。

表 7-12　　　　　　　主要变量描述性统计

变量名称	平均值	中位数	最大值	最小值	标准差
TL	0.0307	0.0289	0.0799	0.0011	2.2246
TS	0.8501	1.0327	4.9393	0.3260	4.8225
pergdp	8110.6675	29922.7976	188276.8483	85.9799	3494.7192
edu	112.6593	219.7790	2544.9836	0.8443	287.8926

续表

变量名称	平均值	中位数	最大值	最小值	标准差
R&D	0.7990	1.0401	5.1204	0.1047	8.0609
fdi	47.3118	40.8302	71.6802	0.0219	15.5756
gov	7.2746	18.7165	47.3071	0.0974	13.1871

(二) 产业升级、结构优化效应的实证结果分析

1. 对口合作对东北地区产业结构调整效应的初步检验

本书用 DID 方法评估了对口合作政策对东北地区经济产业结构调整效应的影响，回归结果如表 7-13 所示。其中，模型 1 和模型 2 是未加入控制变量的回归方程结果，被解释变量分别为产业结构合理化和产业结构高级化；模型 3 和模型 4 是加入了控制变量的回归方程结果，被解释变量与模型 1、模型 2 相同。由回归结果可以看出，未加入控制变量之前，对口合作政策对东北地区产业结构合理化的促进效果不明显，但是对产业结构高级化促进作用显著。加入控制变量后，对口合作政策依然不能显著促进东北地区产业结构合理化调整，但是对产业结构高级化的促进效果显著性增强。对口合作政策未能促进东北地区产业结构合理化原因可能在于：一方面是政策的滞后性，产业结构调整并不是一蹴而就的，不少大型项目仍处于筹建阶段，尚未带来直接的经济效益；另一方面是政策的两面性，前几次的东北振兴政策效果并不明显，大部分投资项目虽然在短期内显著刺激了经济的增长，但是政策效应过后更加重了地区产业结构的不合理。对口合作能够显著促进东北地区产业结构的高级化，笔者通过观察原始数据发现，虽然东北地区近几年经济增速持续下滑，但其第三产业产值比重却在一直上升，控制变量中地区经济水平的系数符为负也能够解释这一点。另外，在对口合作项目中，以服务业为主的项目投资和企业入驻周期较短、经济收益见效快。

表 7-13　　　　　东北振兴的产业结构优化升级效应分析

解释变量	TL	TS	TL	TS
	模型 1	模型 2	模型 3	模型 4
du*T	-0.0111 (0.2922)	0.2831* (0.0727)	-0.0042 (0.8324)	0.1219*** (0.0001)
pergdp			-0.0229** (0.0333)	-0.0091*** (0.0000)
edu			-0.0091** (0.0214)	0.0612** (0.0273)
R&D			-0.0112* (0.0775)	0.0674** (0.0117)
fdi			-0.0035** (0.0419)	0.0263*** (0.0000)
gov			0.0057* (0.0833)	0.0063*** (0.0000)
常数项	3.9135*** (0.0001)	8.2826*** (0.0000)	-2.7544*** (0.0000)	4.7352*** (0.0001)
修正后 R^2	0.1546	0.2043	0.3546	0.4455
F 值	18.3241***	12.4375***	283.5322***	342.7212***

控制变量符号基本符合预期,在产业结构合理化回归方程中:地区经济发展水平的系数符号显著为负,表明经济的增长能够使地区产业结构更加合理、资源配置也更有效率;教育水平和科技投入的系数符号显著为负,表明地区教育水平越高,人才培养力度越大,对产业结构合理化调整的促进作用越明显,而科技创新能力也是企业效率提升、产业结构调整的重要因素。外商直接投资水平的系数显著为负,表明外商直接投资能够提高地区资源利用效果,使地区产业结构更加合理;政府投资系数显著为正,表明东北地区政府投资效率不高,大多流入资源浪费较为严重的国有企业,导致产业结构进一步恶化。在产业结构高级化回归方程中:地区经济发展水平与产业结构高级化程度呈现负相关关系,虽然东北地区近几年

经济增速持续下滑,但其第三产业产值比重却在一直上升;教育水平和科技投入的系数符号显著为正,人才和企业创新能力是产业结构转型升级的必备要素,教育水平越高、科技投入越大,地区高科技产业发展就越迅速;外商直接投资水平的系数符号显著为正,说明外商直接投资能够通过产业关联、技术溢出等促进地区产业结构调整与企业技术进步;政府投资水平的系数符号显著为正,表示政府投资虽然对产业结构合理化起到一定程度的抑制作用,但对东北地区第三产业的发展也起到了促进效果。

2. PSM-DID 稳健性检验

本节同样采用 PSM-DID 对模型的稳健性进行检验,将政策赋值变量 du 与其他控制变量进行 logit 回归计算倾向得分值,根据得分值进行样本配对,并且进行了一系列的模型支撑检验,检验结果表明 PSM-DID 应用正确(见表7-14)。PSM-DID 稳健性检验结果可以看出,对口合作政策对东北地区产业结构合理化起到了一定程度的抑制作用,但对产业结构高级化的促进效果较为显著,与前面的结论一致。对口合作政策吸引不少优质的东部企业进入东北,优化了东北地区产业结构,比如沈阳新松机器人、启明信息、东软熙康等在国内具有竞争力的智能设备提供商与阿里巴巴等在人工智能技术上具有优势的国内巨头开展合作,强强联合形成了协同效应。同时,对口合作政策也大大促进了东北地区旅游业的发展,比如吉林省利用其冬季自然条件,于2017年冬季在浙江省发布了"吉林冰雪令",吸引浙江游客体验吉林冰雪风情;黑龙江省与广东省充分利用两省自然气候的互补优势,联合开发了"寒来暑往·南来北往"旅游项目等。

表7-14　　　　　　　　PSM-DID 稳健性检验

	TL lnpergdp			TS lnpergdp		
	T=0 时处理组与控制组差分	T=1 时处理组与控制组差分	双重差分结果	T=0 时处理组与控制组差分	T=1 时处理组与控制组差分	双重差分结果
差分值	0.3921	0.2843	-0.1182	0.5832	0.3443	0.2135

续表

	TL lnpergdp			TS lnpergdp		
	T=0时处理组与控制组差分	T=1时处理组与控制组差分	双重差分结果	T=0时处理组与控制组差分	T=1时处理组与控制组差分	双重差分结果
标准误	0.0310	0.0350	0.0840	0.0270	0.0580	0.0310
p值	0.0000***	0.0000***	0.1184	0.0000***	0.0000***	0.0000***

四、东北振兴的科技创新效应分析

(一) 模型的构建与变量选取

1. 模型构建

改革开放初期,东北地区无论是科技研发投入,还是科技成果产出都处于全国领先水平,但自从20世纪90年代开始,尤其是进入21世纪,东北地区科技创新能力一直低于全国平均水平,并且与东部地区的差距也越来越大。为深入落实东北地区与东部地区对口合作,国家发改委、科技部等部门又颁发《振兴东北科技成果转移转化专项行为实施方案》以促进东北地区科技振兴。

为评估对口合作政策对东北地区科技创新的效应,建立以下DID模型:

$$Y_{it} = \beta_0 + \beta_1 du_{it} \cdot T_{it} + \beta_2 X_{it} + \varepsilon_{it} \qquad (7.22)$$

2. 变量选取

(1) 核心变量。

一个地区科技创新能力的提升是一个长期过程,而不同产业、行业之间的技术进步、科技成果转化等周期也不尽相同。为了更好地评估东北地区科技创新能力以及对口合作政策对其的影响作用,本书将该地区科技能力提升分为三个阶段:投入阶段、产出阶段和转化阶段,分别由以下三个指标衡量:

科技投入(R&D):科技创新能力的提升要先进行科研经费的投

入,一个具有自主创新能力的公司 R&D 经费支出比重通常很高。采用 R&D 经费支出占地区生产总值的比例来反映地区科技投入水平。

科技产出(pro):科技产出水平的高低往往能够反映地区的科研能力,大量科研经费的投入通常能够转化为企业技术的进步以及产品的专利申请。采用万人拥有发明专利数来衡量地区科技产出水平。

科技转化(tra):科技成果最终需要转化为产品进入市场,为企业带来利润并提高人民生活水平,科技成果转化效果也能够反映出地区的产学结合能力和市场导向作用。采用高技术产业增加值占工业增加值比重来衡量地区科技转化能力。

(2)控制变量。

控制变量包括地区经济发展水平(pergdp)(人均实际 GDP)、教育程度(edu)(每万人在校大学生数)、外商直接投资(fdi)(外商直接投资额与地区 GDP 比值)、金融发展水平(fin)(金融业增加值所占地区生产总值比重)。

样本以及数据来源、处理方法与前面相同,在此不再赘述,各变量的统计性描述如表 7-15 所示。

表 7-15　　　　　　　　主要变量描述性统计

变量名称	平均值	中位数	最大值	最小值	标准差
R&D	0.7990	1.0401	5.1204	0.1047	8.0609
pro	5.8964	6.9173	18.8099	0.0586	13.0669
tra	39.3941	30.2032	87.3791	5.8693	57.9569
pergdp	8110.6675	29922.7976	188276.8483	85.9799	3494.7192
edu	112.6593	219.7790	2544.9836	0.8443	287.8926
fdi	47.3118	40.8302	71.6802	0.0219	15.5756
fin	2.7312	1.9971	18.8673	0.6989	6.1035

(二)科技创新效应的实证结果分析

1. 对口合作对东北地区科技创新效应的初步检验

本书用 DID 方法评估了对口合作政策对东北地区经济总效应的影

响，回归结果如表7-16所示。模型1和模型2的被解释变量是科技投入（R&D），模型3和模型4的被解释变量是科技产出（pro），模型5和模型6的被解释变量是科技转化（tra）。由回归结果可以看出，未加入控制变量前，对口合作政策对东北地区科技投入具有显著的促进作用，对东北地区科技产出的促进作用不明显，对东北地区科技转化的促进效果也较为显著；加入控制变量后，对口合作政策对东北地区科技投入、科技转化的促进效果显著性增强，但对科技产出的促进效果依旧不明显。对口合作政策实施以来，东北地区不断加大科技创新扶持力度，吸引高新技术企业投资落户，如辽宁省从政府层面改善营商环境的同时，主动引入东部地区较为先进的创业企业服务企业进入本地，以改善本地创业创新生态格局等，这一系列举措都促进了东北地区的科技投入。对口合作政策对东北地区科技产出促进效果不明显的原因可能在于，对口合作政策实施初期，科技项目科技企业投资落户东北，但政策实施时间较短，项目成立的进度和研发成果的产出都具有一定的周期，现阶段的科技产出效果还不明显。而对口合作政策对东北地区科技的转化效应促进较为显著。一方面，不少高新技术产业落户后利用原有的科技和技术迅速进入市场，带来较为及时的经济效益；另一方面，优质的高新技术产业落户或者东北地区成立新的高新技术产业园区，大大加快了原有科技成果的转化。

表7-16　　　　　　　　东北振兴的科技创新效应分析

解释变量	R&D		pro tra		tra	
	模型1	模型2	模型3	模型4	模型5	模型6
du * T	0.2182 * (0.0311)	0.1021 ** (0.0226)	0.1115 (0.6454)	0.0822 (0.4343)	0.0212 * (0.0772)	0.0153 ** (0.0405)
pergdp		0.3251 ** (0.0311)		0.0511 ** (0.0232)		0.2455 *** (0.0000)

第七章 新发展格局下东北地区与东部地区对口合作政策体系研究

续表

解释变量	R&D		protra		tra	
	模型1	模型2	模型3	模型4	模型5	模型6
edu		0.1378*** (0.0001)		0.0163*** (0.0001)		0.0111** (0.0419)
fdi		0.1526* (0.0611)		0.0811* (0.0688)		0.0541* (0.0864)
fin		0.0853*** (0.0000)		0.0164** (0.0321)		0.0114* (0.0642)
常数项	8.2432*** (0.0001)	5.6434*** (0.0000)	13.754*** (0.0000)	6.7422*** (0.0000)	17.5420*** (0.0000)	5.1711*** (0.0000)
修正后 R^2	0.1424	0.3021	0.1052	0.4811	0.2963	0.4541
F值	8.6443***	75.2382***	13.3284***	63.6325***	9.4232***	134.4219***

此外，控制变量的系数符号基本符合预期。地区经济发展水平对科技创新能力提升的各个阶段都有显著的促进作用，说明地区经济发展是实现科技创新的基础和保障；地区教育水平、外商投资水平和金融发展水平也在不同阶段对东北地区科技创新能力带来显著的促进作用，表明教育水平和人力资本水平的提高能够加快地区科技创新能力提升，外商直接投资尤其是技术密集型的投资能够给该地区的产业集群带来明显的技术溢出效应，而金融业的完善为科技研发投入以及成果转化提供了资金上的支持与服务。

2. PSM-DID 稳健性检验

本节同样采用 PSM-DID 对模型的稳健性进行检验，将政策赋值变量 du 与其他控制变量进行 logit 回归计算倾向得分值，根据得分值进行样本配对，并进行一系列的模型支撑检验，检验结果表明 PSM-DID 应用正确。本书利用 PSM-DID 方法进行稳健性检验结果如表 7-17 所示，由稳健性检验结果可以看出，对口合作政策对东北地区科技投入和科技转化阶段促进作用明显,但对科技成果产出的促进效果不显著,与前面的结论一致。

表 7-17　　PSM-DID 稳健性检验

	差分过程	差分值	标准误	p 值
R&D	T=0 时处理组与控制组差分	0.1073	0.0458	0.0152**
	T=1 时处理组与控制组差分	0.0529	0.0111	0.0000***
	双重差分结果	0.0584	0.0128	0.0000***
pro	T=0 时处理组与控制组差分	0.4218	0.0223	0.0000***
	T=1 时处理组与控制组差分	0.2952	0.0217	0.0000***
	双重差分结果	0.1396	0.0969	0.1590
tra	T=0 时处理组与控制组差分	0.3539	0.0553	0.0000***
	T=1 时处理组与控制组差分	0.1625	0.0690	0.0101**
	双重差分结果	0.1858	0.0210	0.0000***

五、东北地区与东部地区互联、互通效应分析

(一)模型构建与变量选取

1. 模型构建

东北地区与东部地区合作平台建设在对口合作实施政策以后得到了长足发展,包括两地产业科技联盟、科研院所、高等院校、商会协会等机构的对接合作等,并且在两地政府的共同推动下,东北地区成立不少

产业园区为东部企业落户东北提供土地、资金和政策上的帮助和支持，在装备制造业、新兴产业、商贸流通业、金融业、生态农业等产业领域积极推动两地的合作共建。

为评估对口合作政策对东北地区合作平台建设的效应，建立以下 DID 模型：

$$Y_{it} = \beta_0 + \beta_1 du_{it} \cdot T_{it} + \beta_2 X_{it} + \varepsilon_{it} \qquad (7.23)$$

2. 变量选取

（1）核心变量。

产业园区新增面积数（par）：合作平台建设是两地区进行深入合作、互利共赢的主要载体，而两地区借助对口合作契机共建产业园区是合作平台建设最直接，也是最重要的体现。采用地区产业园区新增面积数来衡量对口合作平台假设效应。

（2）控制变量。

控制变量包括：地区经济发展水平（pergdp）（人均实际 GDP）、政府规模（gov）（政府财政预算支出占 GDP 比重）、科技投入（R&D）（R&D 经费支出占地区生产总值的比例）、第三产业比重（thi）（第三产业增加值占地区生产总值比重）、外商直接投资（fdi）（外商直接投资额与地区 GDP 比值）。

样本以及数据来源、处理方法与前面相同，在此不再赘述，各变量的统计性描述如表 7-18 所示。

表 7-18　　　　　　　　主要变量描述性统计

变量名称	平均值	中位数	最大值	最小值	标准差
park	802.1825	689.8274	2906.8743	124.1791	137.2877
pergdp	8110.6675	29922.7976	188276.8483	85.9799	3494.7192
gov	6.4277	12.7399	33.0718	0.0127	5.5896
R&D	0.7990	1.0401	5.1204	0.1047	8.0609
thi	36.6749	40.8734	82.3255	8.7959	24.0856
fdi	47.3118	40.8302	71.6802	0.0219	15.5756

(二) 地区间互联、互通效应分析的实证结果分析

1. 对口合作对东北地区科技创新效应的初步检验

本书用 DID 方法评估了对口合作政策对东北地区经济总效应的影响，回归结果如表 7-19 所示，其中，模型 1 是未加入控制变量的回归模型，模型 2 是加入控制变量后的回归模型。由回归结果可以看出，对口合作政策对东北地区的合作平台建设有着显著的促进作用，并且加入控制变量以后，促进效果的显著性增强。

表 7-19　　　　东北地区与东部地区互联互通效应分析

解释变量	park	
	模型 1	模型 2
du * T	0.3234 ** (0.0329)	0.2027 *** (0.0001)
pergdp		0.3227 ** (0.0441)
gov		0.4222 * (0.0612)
R&D		0.1447 ** (0.0372)
thi		0.7352 *** (0.0000)
fdi		0.2592 ** (0.0282)
常数项	8.3672 *** (0.0001)	5.2527 *** (0.0000)
修正后 R^2	0.2153	0.3988
F 值	14.235 ***	67.2532 ***

此外，控制变量的系数符号也符合预期。地区经济发展水平提高能

够促进产业园区的建设与发展,而政府规模对产业园区建设也有一定的促进作用。科技投入的系数符号显著为正,表明地区科技创新能力增强能够吸引高新技术产业落户,也促进了新兴产业园区的建设。第三产业增加值比重对地区新增产业园区数的影响效果最为明显,该比重越大表明地区产业结构高级化越明显,而新增的产业园区基本集中在以高新技术产业为代表的第三产业。外商直接投资对产业园区的建设也有显著的促进作用,外商直接投资享受更好的政策待遇为倾向于在产业园区内进行项目建设。

2. SM – DID 稳健性检验

本节同样采用 PSM – DID 对模型的稳健性进行检验,将政策赋值变量 du 与其他控制变量进行 logit 回归计算倾向得分值,根据得分值进行样本配对,并进行一系列的模型支撑检验,检验结果表明 PSM – DID 应用正确。本书利用 PSM – DID 方法进行稳健性检验结果如表 7 – 20 所示,由稳健性检验结果可以看出,对口合作政策对东北地区合作平台建设有着显著的促进作用。对口合作各地区都已出台具体到地市乃至县乡一级的规划方案,加强在产业园区成立、科研机构产学合作、智慧城市建设、产城融合发展、特色小镇建设等方面的经验交流。另外,两地企业还携手搭建开放平台和多层次合作联盟,如北京小笨鸟跨境电商交易平台在沈阳建立跨境电商综合服务平台,"中关村大数据产业联盟"与东网科技有限公司联合建设工业大数据资源中心运营平台等。

表 7 – 20   PSM – DID 稳健性检验

	TL lnpergdp		
	T=0 时处理组与控制组差分	T=1 时处理组与控制组差分	双重差分结果
差分值	0.2947	0.1843	0.1043
标准误	0.0490	0.0228	0.0343
p 值	0.0000***	0.0000***	0.0000***

第三节 对口合作给东部地区带来的经济增长效应研究

与以往的对口支援政策不同,对口合作的核心是"合作",合作双方实质上是在政府引导的基础上经过博弈最终形成一种互利共赢的局面。上一节将对口合作对东北振兴的经济效应进行了实证分析,包括总效应和体制机制创新、产业结构调整、科技创新、共建合作平台等具体效应,因为对口合作政策是东北地区与东部地区的合作模式,合作双方在经济基础、市场状况、产业结构等方面存在差异,因此,对口合作政策实施以来,对东部地区产生的经济效应不同于东北地区。本节将采用与上一节一致的计量方法,探讨对口合作对东部地区的经济影响情况。

一、对口合作拉动东部地区经济增长效应分析

(一) 经济增长效应分析模型的构建与变量的选取

1. 模型构建

对口合作政策并不是简单的"援助型"合作,而是东部地区与东北地区进行的一种合作共赢新模式,东部地区在向东北地区提供经验借鉴以及项目投资的同时,自身的经济社会发展同样得到了一定程度的优化,但具体的优化提升程度需要进一步进行实证检验。

为评估对口合作政策对东部地区的经济总效应,建立以下 DID 模型:

$$Y_{it} = \beta_0 + \beta_1 du_{it} \cdot T_{it} + \beta_2 X_{it} + \varepsilon_{it} \qquad (7.24)$$

2. 变量选取

(1) 结果变量。

经济总效应 (eco):东部地区经济一直优于我国其他地区,经济总

量排名前五的省份有四个位于我国东部地区。对口合作机制不仅能够为东北地区的经济发展带来促进作用，也会在一定程度上影响到东部地区的经济发展。与前面一致，本书依然选取 GDP 的总量与人均水平来反映区域的经济总效应。

（2）控制变量。

控制变量包括第三产业比重（thi）、教育程度（edu）（每万人在校大学生数）、基础设施建设（inf）（新增固定资产投资占 GDP 比重）、政府投资水平（gov）（政府投资额占 GDP 比重）。

本书选取全国 249 个地级市为样本，处理组为实行对口合作政策的东部地区 45 个地级市（江苏省 13，浙江省 11，广东省 21），控制组为其他未实行对口合作政策省份的地级市。数据来源、处理方法与前面相同，各变量的统计性描述如表 7-21 所示。

表 7-21　　　　　　　　主要变量描述性统计

变量名称	平均值	中位数	最大值	最小值	标准差
gdp	3087.3651	5039.0108	66831.0132	101.0727	6478.0721
pergdp	9112.5143	35662.0370	177481.5445	85.9799	3351.9400
thi	47.3466	49.3788	87.1635	8.7959	32.9427
edu	146.2912	307.7777	4445.7723	0.8443	326.3521
inf	47.3154	55.5060	100.4131	0.9337	39.7174
gov	8.7562	29.4659	55.4029	0.0974	15.5828

（二）实证结果及东部地区与东北地区比较分析

1. 对口合作对东部地区经济总效应的初步检验

本书用 DID 方法评估了对口合作政策对东部地区经济总效应的影响，回归结果如表 7-22 所示。其中，模型 1 和模型 2 是未加入控制变量的回归方程结果，被解释变量分别为地区实际 GDP 和人均实际 GDP；模型 3 和模型 4 是加入控制变量的回归方程结果，被解释变量与模型 1、模型2相同。计量结果显示,对口合作对东部地区经济发展有一定的促进作用,但不明显。加入控制变量后,对东部地区经济增长的促进作用依旧不明显,在对口合作初期,东部地区与东北地区的合作模式主要集中在东部先进企业赴东北地区进行项目投资,而东部地区本身的经济发展速度和质量就位于全国前列,导致现阶段对口合作政策对东部地区的经济发展促进作用不明显。控制变量符号基本符合预期,第三产业比重能够显著促进东部地区经济增长,东部地区产业结构调整较为完善和成熟;教育水平对东部地区经济发展的促进作用显著,一方面说明东部地区教育资源发达、教育水平高,另一方面说明受过高等教育的人才倾向于继续留在东部地区发展;基础设施建设的系数显著为正,表明东部地区基础设施建设投资同样能够推动经济增长;政府投资水平对东部地区经济增长的作用显著,说明东部地区政府投资带动效果明显,投资效率较高。

表7-22　　　　　对口合作对东部地区经济影响效应分析

解释变量	lngdp	lnpergdp	lngdp	lnpergdp
	模型1	模型2	模型3	模型4
T	0.0632 ** (0.0312)	0.0429 ** (0.0228)	0.0229 ** (0.0494)	0.0893 ** (0.0323)
du	0.4543 (0.3722)	0.4328 * (0.0629)	0.2152 (0.2624)	0.2612 * (0.0833)
du * T	0.1232 (0.3194)	0.0829 * (0.0866)	0.0299 (0.4329)	0.0682 * (0.0844)
thi			0.0629 ** (0.0210)	0.0188 ** (0.0133)
edu			0.0189 *** (0.0000)	0.0102 *** (0.0004)

续表

解释变量	lngdp	lnpergdp	lngdp	lnpergdp
	模型1	模型2	模型3	模型4
inf			0.0280*** (0.0000)	0.0129*** (0.0000)
gov			0.0843** (0.0025)	0.0849** (0.0423)
常数项	14.6548*** (0.0001)	13.6548*** (0.0000)	8.6332*** (0.0000)	6.6722*** (0.0000)
修正后 R^2	0.1922	0.2142	0.3722	0.4223
F值	15.6832***	18.5742***	97.5694***	142.6722***

2. PSM-DID 稳健性检验

本节同样采用 PSM-DID 对模型的稳健性进行检验，检验结果如表7-23所示，由稳健性检验结果可以看出，对口合作政策对东部地区经济总效应的促进作用不明显，这进一步支撑了前面的实证结果，在此不再赘述。

表7-23　　　　　　PSM-DID 稳健性检验

	lngdp lnpergdp			lnpergdp lnpergdp		
	T=0时处理组与控制组差分	T=1时处理组与控制组差分	双重差分结果	T=0时处理组与控制组差分	T=1时处理组与控制组差分	双重差分结果
差分值	0.4211	0.3622	0.0532	0.3840	0.2922	0.0922
标准误	0.0718	0.0418	0.0637	0.0442	0.0447	0.0843
p值	0.0000***	0.0000***	0.3054	0.0000***	0.0000***	0.2847

3. 东部地区与东北地区比较分析

根据前面实证结果可以发现，对口合作政策作为我国新一轮东北振兴政策，虽然旨在促进东部地区与东北地区的合作共赢，但该政策实施以来，对东北地区经济发展的促进作用显然大于对东部地区的促进作用。一方面，对口合作政策实施初期，两地区主要合作模式集中于东北地区积极向东部地区学习先进经验，不断吸引东部企业赴东北投资建厂。例如，东北地区政府组织相关人员第一时间赴东部地区学习政府服务经验，互派厅处级以上干部挂职规模超过 50 人次，并且在允许国有资本参与国企改革的同时，积极引导东部地区优秀民营企业参与国企混改。东北地区与东部地区在制造业领域合作较为广泛，以新能源汽车产业为例，2016～2017 年一年的时间内，北汽、格力与中能东道三家新能源汽车生产企业纷纷布局东北，建立智能汽车产业园区。另一方面，我国东部地区在政府职能优化、产业结构调整、科技创新能力等方面都处于我国领先地位，其经济社会发展的质量与速度明显高于东北地区，并且江苏、浙江与广东等省份对外联系密切，不断学习借鉴先进国家的生产技术和经验，因此导致对口合作政策对于东部地区经济增长的促进作用不明显。

二、对东部地区的体制机制创新效应分析

（一）效应分析模型的构建与变量的选取

1. 模型构建

为了保证东部地区与东北地区实施对口合作效应的可比较性，本节按照上一章节中对口合作对东北地区体制机制创新的作用路径，对东部地区采取同样的路径分析，即基于国有企业改革、营商环境改善和政府投资效率提升等几个方面来分析对口合作对东部地区体制机制创新的效应。本书设立 PSM – DID 模型检验对口合作政策给东部地区带来的体制机制创新效应，具体模型如下：

$$Y_{it} = \beta_0 + \beta_1 du_{it} \cdot T_{it} + \beta_2 X_{it} + \varepsilon_{it} \qquad (7.25)$$

并进一步建立路径机制验证的计量模型如下：

(1) 验证对口合作政策对东部地区体制机制创新效应的影响：

$$Y_{it} = \beta_0 + \beta_1 du_{it} \cdot T_{it} + \beta_2 X_{it} + \varepsilon_{it} \qquad (7.26)$$

(2) 验证对口合作政策对三种路径可能的影响：

$$road_{itj} = \alpha_0 + \alpha_1 du_{it} \cdot T_{it} + \alpha_2 X_{it} + \varepsilon_{it} \qquad (7.27)$$

(3) 验证对口合作政策是否通过三种路径可能促进东部地区体制机制创新：

$$Y_{it} = \gamma_0 + \gamma_1 du_{it} \cdot T_{it} + \gamma_2 road_{itj} + \gamma_3 X_{it} + \varepsilon_{it} \qquad (7.28)$$

其中，$road_{itj}$ 表示三种路径可能，Y_{it} 表示东部地区体制机制创新效应，du_{it} 表示分组赋值变量，T_{it} 表示时间赋值变量，X_{it} 表示控制变量，ε 代表随机扰动项。

2. 变量选取

(1) 核心变量。

体制机制创新（sys）：东部地区与东北地区进行对口合作的重要原因，就是让东北地区学习东部地区的先进经验，优化政府职能、加快体制机制创新。因此本书同样选取樊纲等（2003）计算的各省份市场总指数来反映地区体制机制创新。

(2) 中介变量。

国企改革路径（sta）：国有企业改革是体制机制创新的重要表现与重要途径，东部地区国有企业改革有着良好的经验与模式。因此，选取规模以上工业企业中国有企业占比来代表国有企业改革路径。

营商环境改善路径（bus）：良好的营商环境能够吸引投资，鼓励外来企业落户。对口合作政策鼓励东部企业到东北地区建立产业园区，东北地区政府为落户企业的建厂、销售以及税收提供服务和优惠。因此，选取新增企业数来代表营商环境改善路径。

政府投资效率提升路径（inv）：有效率的政府投资是经济发展不可或缺的一部分，其能够通过乘数作用带动经济发展。因此，选取政府投资与 GDP 的比值来代表政府投资效率提升路径。

(3) 控制变量。

控制变量包括第三产业比重（thi）、教育程度（edu）（每万人在校大学生数）、基础设施建设（inf）（地区新增固定资产投资占 GDP 比重）、经济开放度（fdi）（外商直接投资额与地区 GDP 比值）、工业化程度（ind）（第二产业增加值所占 GDP 比重）。

各变量的统计性描述如表 7-24 所示。

表 7-24　　　　　　　　　主要变量描述性统计

变量名称	平均值	中位数	最大值	最小值	标准差
sys	6.2702	5.8005	10.1917	1.2969	1.9322
sta	38.5694	44.5669	72.8272	15.8207	24.2458
bus	178389.0476	84282.5037	755541.1973	143.9906	1453.9501
inv	0.0199	0.0237	0.0542	0.0073	1.6177
thi	36.6749	40.8734	82.3255	8.7959	24.0856
edu	112.6593	219.7790	2544.9836	0.8443	287.8926
inf	38.9443	43.1130	100.4131	0.9337	23.5038
fdi	59.5491	42.0537	72.7300	0.0011	13.0011

（二）实证结果及东部地区与东北地区比较分析

1. 对口合作对东部地区体制机制创新效应的初步检验

本书用 DID 方法评估了对口合作政策对东部地区体制机制创新优化效应的影响，回归结果如表 7-25 所示。模型 1 是基准模型，模型 2 和模型 3 是分别加入路径变量（中介变量）和控制变量的模型，模型 4 是所有变量全部加上的模型。估计结果显示，对口合作政策对东部地区体制机制创新效应并不明显。计量结果显示不显著并不意味着东部地区体制机制创新能力不足，而是说明在东部地区与东北地区进行体制机制创新方面对口合作时，主要侧重于东北政府积极学习东部地区先进经验，而东部地区体制机制一直处于全国领先水平，并未因对口合作政策的实施而发生明显变化。

表7-25　对口合作对东部地区体制机制创新效应分析

	基准模型		扩展模型	
	模型1	模型2	模型3	模型4
du * T	0.0422 (0.5378)	0.0359 (0.4331)	0.0453 (0.7411)	0.0264* (0.0784)
sta		0.0283 (0.6413)		0.0312 (0.3748)
bus		0.1759** (0.0312)		0.1043* (0.0718)
inv		0.0754* (0.0718)		0.1043** (0.0211)
thi			0.0689*** (0.0000)	0.0463*** (0.0000)
edu			0.0719** (0.0316)	0.0522*** (0.0001)
inf			0.0370** (0.0296)	0.0348* (0.0711)
fdi			0.0318*** (0.0000)	0.0131*** (0.0000)
常数项	7.5372*** (0.0001)	8.6477*** (0.0000)	7.6533*** (0.0000)	6.6418*** (0.0000)
修正后R^2	0.1142	0.2811	0.3515	0.5448
F值	8.7169***	67.4619***	75.644***	151.3228***

此外，各个中介变量系数也基本符合预期。国有企业改革路径系数不显著，东部地区国有企业较早进行了现代化企业制度改革，其市场意识强，行政性垄断现象较弱。在进行对口合作时，东部地区国有企业主

要向东北地区企业传输先进管理经验,对自身机制深化改革作用不明显。营商环境改善路径系数显著为正,说明东部地区与东北地区对口合作不仅是单向的投资,东部地区营商环境也得到了进一步优化。政府投资效率提升路径系数显著为正,较东北地区而言,东部地区政府投资更有效率,其更加注重支持中小型民营企业发展,侧重于新兴产业以及民生产业。控制变量的系数也基本符合预期,第三产业比重系数显著为正,东部地区转型升级发展,新旧动能转化一直处于全国领先水平,第三产业比重的提升也进一步加快了体制机制创新的进程;地区教育水平对体制机制创新的作用显著为正,表明东部地区教育程度高、教育资源丰富,并且东部地区较其他地区有着明显的人才吸引优势;基础设施建设系数显著为正,东部地区基础设施建设较为完善,民生基础设施建设处于全国领先地位,对政府体制机制创新起到促进作用;地区经济开放度系数显著为正,东部地区地理位置优势明显,对外开放程度高,有利于推进市场化进程和学习发达国家先进经验。

2. PSM - DID 稳健性检验

本节同样采用 PSM - DID 对模型的稳健性进行检验,检验结果如表 7 - 26 所示,由稳健性检验结果可以看出,对口合作政策对东部地区体制机制创新的促进作用不明显,这进一步支撑了前面的实证结果。

表 7 - 26　　　　　　　　PSM - DID 稳健性检验

	sts lnpergdp		
	T = 0 时处理组与控制组差分	T = 1 时处理组与控制组差分	双重差分结果
差分值	0.1732	0.2163	0.0313
标准误	0.0516	0.0499	0.0242
p 值	0.0000 ***	0.0000 ***	0.1980

3. 对口合作政策影响东部地区体制机制创新效应的机制检验

本书进一步将对口合作促进东部地区体制机制创新的效应进行实证检验，回归结果如表 7-27 所示。第一步回归结果显示，对口合作政策的系数为正，但不显著，说明对口合作政策对东部地区体制机制创新作用不明显；第二步回归结果显示，对口合作政策营商环境改善路径和政府投资效率提升路径的系数显著为正，但国有企业改革路径系数不显著，说明对口合作政策对营商环境改善路径和政府投资效率提升路径可能起到了促进作用；第三步回归结果显示，营商环境改善路径和政府投资效率提升路径和交互项的系数都显著为正，但是系数变小，表明对口合作政策通过以上两种路径可能对东部地区体制机制创新起促进作用，与东北地区有着明显区别。

表 7-27　对口合作对东部地区体制机制创新效应的路径分析

变量	第一步	第二步			第三步
	sts	sta	bus	inv	sts
du * T	0.0453 (0.7411)	0.0811 (0.3824)	0.1343 ** (0.0298)	0.1023 * (0.0658)	0.0264 * (0.0784)
sta			0.0027	0.0145	0.0342 (0.3748)
bus					0.1089 * (0.0711)
inv					0.0166 ** (0.0211)
thi	0.0689 *** (0.0000)	0.0421 *** (0.0001)	0.0612 *** (0.0000)	0.1132 *** (0.0000)	0.0463 *** (0.0000)
edu	0.0719 ** (0.0316)	0.0911 *** (0.0000)	0.0174 *** (0.0000)	0.0511 ** (0.0252)	0.0522 *** (0.0001)
inf	0.0370 ** (0.0296)	0.0118 *** (0.0000)	0.0263 ** (0.0311)	0.0218 * (0.0612)	0.0348 * (0.0711)

续表

变量	第一步		第二步		第三步
	sts	sta	bus	inv	sts
fdi	0.0318 *** (0.0000)	0.0711 *** (0.0000)	0.0411 *** (0.0001)	0.1024 ** (0.0214)	0.0131 *** (0.0000)
常数项	7.6533 *** (0.0000)	6.6824 *** (0.0000)	6.5811 *** (0.0000)	8.7573 *** (0.0000)	6.6418 *** (0.0000)
修正后 R^2	0.3511	0.3195	0.3811	0.4321	0.5412
F 值	75.6213 ***	56.9252 ***	73.5742 ***	75.43331 ***	151.3261 ***

4. 东部地区与东北地区比较分析

对口合作机制对东部地区的体制机制创新效应与东北地区相比主要有两点主要区别，一是对口合作政策的实施对东部地区的体制机制创新没有显著促进作用；二是国有企业改革路径在东部地区体制机制创新中的效果不明显。东部地区在供给侧结构性改革以及体制机制创新方面率先进行了积极探索，积累了丰富的经验。而东北地区虽然在体制机制创新方面取得了一定成就，但改革的力度和深度还远远不够，尤其体现在"软环境"方面。

三、对东部地区产业升级、结构优化的效应分析

（一）效应分析的模型构建与变量的选取

1. 模型构建

我国东部地区产业结构调整的主要方向是朝着技术密集型、知识导向型等高附加值产业发展转变，这也就意味着一些不适合该地区的产业集群必须转移或者转型，对口合作政策也为东部地区产业结构调整提供契机。

为评估对口合作政策对东部地区的产业结构调整效应，建立以下 DID 模型：

第七章 新发展格局下东北地区与东部地区对口合作政策体系研究

$$Y_{it} = \beta_0 + \beta_1 du_{it} \cdot T_{it} + \beta_2 X_{it} + \varepsilon_{it} \qquad (7.29)$$

2. 变量选取

（1）核心变量。

产业结构合理化（TL）：产业结构合理化是资源配置是否合理、资源利用是否有效的重要体现，能反映出地区市场化程度以及与产业结构的匹配程度。本书同样选取调整后的泰尔指数来反映地区产业结构合理化，具体构建公式如下：

$$TL = \sum_{i=1}^{n} \left(\frac{Y_i}{Y}\right) \ln\left(\frac{Y_i}{Y} \Big/ \frac{Y}{L}\right) \qquad (7.30)$$

其中，TL 表示产业结构偏离度，当其数值为 0 时说明产业结构合理；若不为 0，则说明产业结构存在一定程度上的偏离。

产业结构高级化（TS）：产业结构高级化能够反映地区产业转型升级程度。因此，本书选取地区第三产业与第二产业的产值之比来衡量地区产业结构的高级化程度。具体构造公式为：

$$TS = \frac{Y_3}{Y_2} \qquad (7.31)$$

其中，TS 值越大，该地区的产业结构越高级。

（2）控制变量。

控制变量包括地区经济发展水平（pergdp）（人均实际 GDP）、教育程度（edu）（每万人在校大学生数）、科技投入（R&D）（R&D 经费支出占地区生产总值的比例）、外商直接投资（fdi）（外商直接投资额与地区 GDP 比值）、政府投资水平（gov）（政府投资额占 GDP 比重）。

数据来源、处理方法与前面相同，各变量的统计性描述如表 7 - 28 所示。

表 7 - 28　　　　　　　主要变量描述性统计

变量名称	平均值	中位数	最大值	最小值	标准差
TL	0.0399	0.0287	0.0931	0.0011	4.5191
TS	0.7275	1.3530	5.3537	0.3260	8.5223

续表

变量名称	平均值	中位数	最大值	最小值	标准差
pergdp	9112.5143	35662.0370	177481.5445	85.9799	3351.9400
edu	146.2912	307.7777	4445.7723	0.8443	326.3521
R&D	0.5751	1.3926	7.8415	0.1047	6.7882
fdi	49.6780	39.0741	75.3329	0.0219	35.2800
gov	8.7562	29.4659	55.4029	0.0974	15.5828

（二）实证结果及东部、东北地区比较分析

1. 对口合作对东部地区产业升级结构优化新效应的初步检验

本书用 DID 方法评估了对口合作政策对东北地区经济产业结构调整效应的影响，回归结果如表 7-29 所示。其中，模型 1 和模型 2 是未加入控制变量的回归方程结果，被解释变量分别为产业结构合理化和产业结构高级化；模型 3 和模型 4 是加入控制变量的回归方程结果，被解释变量与模型 1、模型 2 相同。由回归结果可以看出，无论是否加入控制变量，对口合作政策对东部地区产业结构合理化的促进效果均显著，但对其产业结构高级化促进效果不显著。控制变量符号基本符合预期，东部地区经济发展水平越高，越会显著促进地区产业结构调整，使得资源配置更有效率、产业结构不断升级；教育水平越高以及科技投入越大也会为产业结构合理化和高级化发展提供人才基础和科技支撑；外商直接投资水平可以通过技术溢出的形式提高区域创新水平，促进地区产业结构的调整；而东部地区政府投资效率较高，对地区产业结构高级化和合理化进程起到了推动作用。

表 7-29　　对口合作对东部地区产业升级结构优化效应分析

解释变量	TL	TS	TL	TS
	模型 1	模型 2	模型 3	模型 4
du*T	-0.2011 ** (0.0319)	0.0873 (0.2129)	-0.1212 ** (0.0232)	0.1014 (0.1718)
pergdp			-0.0113 *** (0.0000)	0.0114 *** (0.0000)
edu			-0.0219 ** (0.0314)	0.0436 ** (0.0153)
R&D			-0.0381 ** (0.0209)	0.1611 * (0.0617)
fdi			-0.0061 ** (0.0219)	0.0053 ** (0.0418)
gov			-0.0113 ** (0.0319)	0.0143 *** (0.0000)
常数项	-3.4772 *** (0.0000)	6.8932 *** (0.0000)	-3.8796 *** (0.0000)	6.7684 *** (0.0000)
修正后 R^2	0.1102	0.2186	0.3475	0.4953
F 值	8.4719 ***	9.5453 ***	78.6223 ***	141.7632 ***

2. PSM-DID 稳健性检验

本节同样采用 PSM-DID 对模型的稳健性进行检验，检验结果如表 7-30 所示，由稳健性检验结果可以看出，对口合作政策对东部地区产业结构合理化的促进作用明显，但对产业结构高级化的促进作用不明显，这进一步支撑了前面的实证结果。

表7-30　　　　　　　　PSM-DID 稳健性检验

	TL lnpergdp			TS lnpergdp		
	T=0时处理组与控制组差分	T=1时处理组与控制组差分	双重差分结果	T=0时处理组与控制组差分	T=1时处理组与控制组差分	双重差分结果
差分值	0.2822	0.1943	-0.0843	0.3743	0.2115	0.1524
标准误	0.0812	0.0511	0.0211	0.0524	0.0494	0.1153
p值	0.0000***	0.0000***	0.0000***	0.0000***	0.0000***	0.1812

3. 东部地区与东北地区比较分析

实证结果显示，对口合作政策能够显著促进东北地区产业结构高级化，但对其产业结构合理化促进作用不明显，而对口合作对东部地区产业结构的影响恰恰相反。如前所述，对口合作政策未能促进东北地区产业结构合理化的原因可能在于政策的滞后性和两面性。对口合作政策启动时间较短，产业结构调整并非一蹴而就。对于东部地区而言，对口合作政策实施为其产业转移提供了良好契机，东部地区要实现产业结构的进一步升级，必然需要将部分产业环节转移，以充分利用投资地的优势，同时释放本地的产业空间和活力。

四、对东部地区的科技创新效应分析

(一) 效应分析模型的构建与变量的选取

1. 模型构建

为评估对口合作政策对东部地区科技创新的效应，建立以下 DID 模型：

$$Y_{it} = \beta_0 + \beta_1 du_{it} \cdot T_{it} + \beta_2 X_{it} + \varepsilon_{it} \tag{7.32}$$

2. 变量选取

(1) 核心变量。

本书同样将该地区科技能力提升分为三个阶段：投入阶段、产出阶段和转化阶段，分别由以下三个指标衡量：

科技投入（R&D）：研发投入是进行科技创新的基础与保障，充足的资金支持能够保证创新产品的转化与推广。采用 R&D 经费支出占地区生产总值的比例来反映地区科技投入水平。

科技产出（pro）：科技产出水平是地区的科研能力的重要体现，大量科研经费的投入通常能够转化为企业技术的进步以及产品的专利申请。采用万人拥有发明专利数来衡量地区科技产出水平。

科技转化（tra）：科技成果转化是技术创新的最关键一环，能够决定企业能否进行持续创新。采用高技术产业增加值占工业增加值比重来衡量地区科技转化能力。

(2) 控制变量。

控制变量包括地区经济发展水平（pergdp）（人均实际 GDP）、教育程度（edu）（每万人在校大学生数）、外商直接投资（fdi）（外商直接投资额与地区 GDP 比值）、金融发展水平（fin）（金融业增加值所占地区生产总值比重）。

样本以及数据来源、处理方法与前面相同，在此不再赘述，各变量的统计性描述如表 7-31 所示。

表 7-31　　　　　　　主要变量描述性统计

变量名称	平均值	中位数	最大值	最小值	标准差
R&D	0.5751	1.3926	7.8415	0.1047	6.7882
pro	6.5034	7.9680	33.6174	0.0586	19.2593
tra	42.7450	39.6527	93.8985	5.8693	89.6011
pergdp	9112.5143	35662.0370	177481.5445	85.9799	3351.9400

续表

变量名称	平均值	中位数	最大值	最小值	标准差
edu	146.2912	307.7777	4445.7723	0.8443	326.3521
fdi	49.6780	39.0741	75.3329	0.0219	35.2800
fin	3.3656	2.2315	18.7529	0.6989	7.9915

(二) 实证结果及东部地区与东北地区比较分析

1. 对口合作对东部地区科技创新效应的初步检验

本书用 DID 方法评估了对口合作政策对东北地区科技创新的影响，回归结果如表 7-32 所示。由回归结果可以看出，对口合作对东部地区科技投入的促进作用不显著，但是对该地区的科技产出以及科技转化有一定的促进作用。无论是否进行对口合作，东部地区科技投入一直位于全国领先水平。在科技产出以及科技转换方面，对口合作政策对东部地区的促进作用较为明显。此外，控制变量的系数负号基本符合预期。东部发达地区的教育水平、外商投资水平和金融发展水平也在不同阶段对东部地区人才发展、技术溢出以及科技转化的金融支持等方面提供了保障。

表 7-32　　　　　对口合作对东部地区科技创新效应分析

解释变量	R&D		pro tra		tra	
	模型1	模型2	模型3	模型4	模型5	模型6
du*T	0.1953 (0.2122)	0.1125 (0.1742)	0.1425** (0.0306)	0.0432** (0.0421)	0.0212** (0.0302)	0.0144** (0.0356)
pergdp		0.1853** (0.0182)		0.1362** (0.0185)		0.2513*** (0.0000)

续表

解释变量	R&D		pro		tra	
	模型1	模型2	模型3	模型4	模型5	模型6
edu		0.2113*** (0.0000)		0.1635*** (0.0000)		0.0167** (0.0436)
fdi		0.1032** (0.0225)		0.0378** (0.0325)		0.0205* (0.0721)
fin		0.0783*** (0.0000)		0.0533** (0.0171)		0.0435** (0.0398)
常数项	4.6953*** (0.0000)	6.4723*** (0.0000)	8.5424*** (0.0000)	8.4231*** (0.0000)	12.6143*** (0.0000)	7.5433*** (0.0000)
修正后 R^2	0.1085	0.3752	0.1110	0.3754	0.3128	0.4734
F 值	5.6828***	58.5223***	9.4554***	56.284***	8.6952***	98.6532***

2. PSM-DID 稳健性检验

本节同样采用 PSM-DID 对模型的稳健性进行检验，检验结果如表 7-33 所示，由稳健性检验结果可以看出，对口合作政策对东部地区科技产出、科技转化的促进作用明显，但对科技投入促进作用不明显，这进一步支撑了前面的实证结果。

表 7-33　　　　　　PSM-DID 稳健性检验

	R&D lnpergdp			pro lnpergdp			tra		
	T=0时处理组与控制组差分	T=1时处理组与控制组差分	双重差分结果	T=0时处理组与控制组差分	T=1时处理组与控制组差分	双重差分结果	T=0时处理组与控制组差分	T=1时处理组与控制组差分	双重差分结果
差分值	0.2143	0.1026	0.1358	0.3248	0.2734	0.0427	0.4928	0.2643	0.2333
标准误	0.0810	0.0220	0.1300	0.0384	0.05228	0.0283	0.0628	0.0628	0.0192
p 值	0.0000**	0.0000**	0.1758	0.0000**	0.0000**	0.0121*	0.0000**	0.0000**	0.0000**

3. 东部地区与东北地区比较分析

对口合作政策对东北地区的科技创新提供了发展契机，也促进了东部地区科技创新能力的进一步提升，双方积极发挥各自的优势，加大产业合作范围，共同进行人才培养。例如，辽宁主动引入东部地区较为先进的高校、职业技术学校、创投平台、创业企业服务企业进入本地，以改善本地创业创新生态格局。吉林积极从资金、经验、平台三个层面入手，多管齐下推进本省创业创新工作。与东北地区相比，东部地区与东北地区进行对口合作的时候会出现一定的人才"虹吸"现象，如沈阳积极与北京合作宣传人才引进政策，但是实际只招收到 13 名博士后进入沈阳工作；而江苏相关企业仅仅在东北大学举办一场专场宣讲会，就招收了 2000 余人。另外，东北地区本身就一直存在人才就业观念问题，计划经济体制曾经让东北地区经济在全国遥遥领先，然而计划经济体制却在东北地区遗留下了严重的思想束缚，在东北地区年轻人择业观上，"体制内"仍然占有主流地位。

五、地区间共建合作平台建设的效应分析

（一）效应分析模型的构建与变量的选取

1. 模型构建

东部地区与东北地区进行对口合作的平台建设主要集中在东北地区，如清华启迪科技园、中关村科技园区丰台园沈北分园等，但两个地区在产业联盟、高校联合发展等方面的合作同样取得长足发展。为评估对口合作政策对东部地区合作平台建设的效应，建立以下 DID 模型：

$$Y_{it} = \beta_0 + \beta_1 du_{it} \cdot T_{it} + \beta_2 X_{it} + \varepsilon_{it} \tag{7.33}$$

2. 变量选取

（1）核心变量。

产业园区新增面积数（par）：东部地区通过对口合作的契机不断在

第七章　新发展格局下东北地区与东部地区对口合作政策体系研究

东北地区进行企业落户、共建产业园区等，以提升两地的经济发展水平。采用地区产业园区新增面积数来衡量对口合作平台假设效应。

（2）控制变量。

控制变量包括地区经济发展水平（pergdp）（人均实际 GDP）、政府规模（gov）（政府财政预算支出占 GDP 比重）、科技投入（R&D）（R&D 经费支出占地区生产总值的比例）、第三产业比重（thi）（第三产业增加值占地区生产总值比重）、外商直接投资（fdi）（外商直接投资额与地区 GDP 比值）。

地区经济发展水平（pergdp）：地区经济发展水平能够明显促进两地产业园区建设。本书采用人均实际 GDP 来反映地区经济发展水平。

各变量的统计性描述如表 7-34 所示。

表 7-34　　　　　　　　主要变量描述性统计

变量名称	平均值	中位数	最大值	最小值	标准差
park	802.1825	689.8274	2906.8743	124.1791	137.2877
pergdp	9112.5143	35662.0370	177481.5445	85.9799	3351.9400
gov	8.7562	29.4659	55.4029	0.0974	15.5828
R&D	0.5751	1.3926	7.8415	0.1047	6.7882
thi	47.3466	49.3788	87.1635	8.7959	32.9427
fdi	49.6780	39.0741	75.3329	0.0219	35.2800

（二）实证结果及东部与东北地区比较分析

1. 对口合作对东北地区科技创新效应的初步检验

本书用 DID 方法评估了对口合作政策对东北地区经济总效应的影响，回归结果如表 7-35 所示，其中，模型 1 是未加入控制变量的回归模型，模型 2 是加入控制变量后的回归模型。由回归结果可以看出，未加入控制变量时，对口合作政策对东部地区合作平台建设的促进作用不显著，但加入控制变量以后，促进效果的显著性增强。东部地区与东北地区进行产业合作主要依靠产业园区为载体，在园区内为投资企业提供制度、政策、基础设施等便利，而产业园区的建设基本都坐落在东北，在东部地区为对口合作建设的产业园区数较少。此外，控制变量的系数符号也符合预期。东部地区经济发展水平较高，能够显著促进产业园区的建设与发展，并且产业园区建设由政府支持主导，因此政府投资对产业园区建设的影响作用明显，科技投入、第三产业增加值比重和外商直接投资通过科技支撑、产业结构升级、技术创新溢出等方式促进产业园区的建设。

表7-35　对口合作对东部地区共建合作平台效应分析

解释变量	park	
	模型1	模型2
du * T	0.1153 (0.1586)	0.1339 * (0.0742)
pergdp		0.1608 ** (0.0327)
gov		0.1823 * (0.0732)
R&D		0.1749 ** (0.0309)
thi		0.2393 *** (0.0000)
fdi		0.2623 ** (0.0315)
常数项	7.3248 *** (0.0000)	7.6669 *** (0.0000)
修正后 R^2	0.1829	0.4028
F 值	8.6535 ***	56.7659 ***

2. PSM-DID 稳健性检验

本节同样采用 PSM-DID 对模型的稳健性进行检验，检验结果如表

7-36所示,由稳健性检验结果可以看出,对口合作政策对东部地区共建合作平台效应的促进作用不明显,这进一步支撑了前面的实证结果。

表7-36　　　　　　　　PSM-DID 稳健性检验

	TL lnpergdp		
	T=0时处理组与控制组差分	T=1时处理组与控制组差分	双重差分结果
差分值	0.3932	0.2129	0.1728
标准误	0.0522	0.0125	0.1328
p值	0.0000***	0.0000***	0.1222

3. 东部地区与东北地区比较分析

东北地区与东部地区在共建合作平台方面取得了较大进展,首先是政府合作平台率先建成,对口合作总体方案确立后,合作各方都给予了高度重视,各地区主要领导都在第一时间奔赴对口合作地方进行会晤交流,为对口合作工作提纲挈领,指出方向。截至2017年,合作各方政府间联合出台多项对口合作政府间合作方案,确定合作重点事项超过100项,并且制定了信息贡献、人员访问、行政协作等方面的具体内容;产业商贸合作平台进展迅速,东部地区发挥各自的产业优势,在东北地区建设对口合作示范园区,输出本地区发展的创新观念、先进经验、管理模式与产业力量,为东北企业产业集群崛起提供充分的地理空间与产业环境。东部地区与东北地区通过跨地区产业合作等创新的方式,在有条件的地区探索发展"飞地经济",以中关村沈阳分园、上海国家技术转移中心大连分中心为代表的一批产业分园在东北建立,园区计划投资总金额超过一万亿元,实现资源互补、产业融合、利益共享的合作目标;城乡合作平台共同发力,对口合作各地区都已出台具体到地市乃至县乡一级的规划方案,支持合作双方城市建设与乡村开发方面开展互学合作,借鉴发达地区规划建设管理的做法,积极推进新型城镇化建设与乡村振兴战略，共同提升区域发展建设水平。但通过比较东北地区和东部地区合作平台建设不难发现，东北地区为充分发挥自身产业优势，产业园区主要为光伏机电、装备制造等制造业部门，且对口合作政策实施带来的新增产业园区基本都在东北地区，也就是说，这些产业园区是东北政府为吸引东部企业投资而建立。但是，东北各地的产业园区存在着同质化严重、区域内竞争的问题。对口合作方案中也存在着类似现象，如吉林省与浙江省、辽宁省与江苏省都提出了共建医药产业园区的规划，沈阳市与北京市、哈尔滨市与深圳市都提出了共建信息产业园区的规划等。

第四节 东北地区与东部地区对口合作政策的产业促进效应研究

一、对口合作对双方农业的影响——来自农副食品加工业的证据

（一）模型构建与变量选取

1. 模型构建

农业合作是东北地区与东部地区对口合作的重要方面，尤其是以黑龙江和广东为主，东北地区发展农业具有明显的比较优势，包括耕地面积大、土壤肥沃、农业生产机械化程度高等；同时，东部地区经济发展水平高，消费市场潜力巨大，居民对于绿色有机食品的需求较高。因此，东北地区与东部地区在农业方面的合作能够很好地起到双赢效果，但具体的合作效果需要进一步进行实证检验。

为评估东北以及东部地区在农业方面的对口合作效果，建立以下DID模型：

$$Y_{it} = \beta_0 + \beta_1 du_{it} \cdot T_{it} + \beta_2 X_{it} + \varepsilon_{it} \tag{7.34}$$

2. 变量选取

(1) 被解释变量。

农副食品加工业产值（y）：东北地区与东部地区在农业方面的合作涉及多个行业，而农副食品加工业是两地合作最为密切的行业之一，大部分农副产品都是在东北地区进行一定程度的加工与包装以后销往东部地区。因此，选取农副产品加工业的增加值作为被解释变量之一。

农副食品加工业固定资产投资（inv）：农副食品加工业发展水平的提高不仅体现在产业规模的增大和产值的增加，还体现在产业的机械化、现代化和信息水平的提升。考虑到数据的可得性以及代表性，选择农副食品加工业固定资产投资作为另外一个被解释变量。

(2) 控制变量。

本文选取金融发展水平（fin）、劳动力水平（lab）、基础设施建设（inf）、政府干预水平（gov）作为控制变量。

样本选择和数据来源与前面相同。各变量的统计性描述如表7-37所示。

表7-37　　　　　　　主要变量描述性统计

变量名称	平均值	中位数	最大值	最小值	标准差
y	1554.4961	1820.9739	8417.6196	222.9560	488.4727
inv	244.4685	238.4067	1101.1987	1.3525	799.8253
fin	2.3624	2.8423	4.8869	1.6054	7.5860
lab	0.6360	0.6467	0.7311	0.5944	2.1593
inf	0.6404	0.5751	1.3566	0.0218	1.5241
gov	0.2030	0.2219	0.6874	0.0420	2.1797

(二) 实证结果及东北地区与东部地区比较分析

1. 对口合作对东北地区、东部地区农业发展的影响

本节用 DID 方法评估了对口合作政策对东北地区农业发展的影响，回归结果如表 7-38 所示。其中，模型 1 和模型 2 是未加入控制变量的回归方程结果，被解释变量分别为地区农副食品加工业的产值和固定资产投资；模型 3 和模型 4 是加入控制变量的回归方程结果，被解释变量与模型 1、模型 2 相同。

表 7-38　　　　　对口合作对东北地区农业发展影响

解释变量	lny	lninv	lny	lninv
	模型 1	模型 2	模型 3	模型 4
du*T	0.2140** (0.0311)	0.1143*** (0.0001)	0.1824** (0.0456)	0.1295* (0.0617)
fin			0.1824 (0.1719)	0.3343 (0.2711)
lab			0.3899*** (0.0000)	0.2859*** (0.0001)
inf			0.1828** (0.0211)	0.1064 (0.2141)
gov			0.0253** (0.0115)	0.1764** (0.0473)
常数项	3.2443*** (0.0001)	4.2134*** (0.0000)	7.5353*** (0.0000)	2.3702*** (0.0000)
修正后 R^2	0.2118	0.2425	0.4638	0.5620
F 值	12.2343***	22.3938***	88.5206***	98.3285***

观察回归结果可以发现，对口合作机制的实施确实能够促进东北地

区农副食品加工业产值规模的增加,也能够促进该产业固定资产投资水平的提高。这说明对口合作政策实施以后,有效地扩大了东北地区农副产品的销售市场,使得大量的农产品以及加工产品销往东部地区,同时,市场规模的扩大也进一步促进了该产业向着现代化、机械化发展。一方面,东北地区地广人稀、土地肥沃,有利于大型机械以及加工设备的安装与使用;另一方面,东部地区不少企业与东北地区的农业产业进行深入合作,为其提供资金以及技术支持。进一步地,模型控制变量的符号也基本符合预期。金融发展水平的系数符号显著为正,表明地区金融发展水平的提高能够有效促进农副产品加工业的发展,及其产品市场规模的扩大和生产现代化进程。适龄劳动力的系数符号显著为正,说明劳动力人口数量依旧是影响农副食品加工业的重要因素,充足的劳动力能够提高产品生产的数量和质量。基础设施水平的提高能够显著促进东北地区农副食品加工业的产值增加,但是对其固定资产投资水平的促进作用并不明显。政府干预水平的提高能够明显促进农副食品加工业的发展,农业以及一直处于市场弱势的相关产业需要政府的资金支持与政策倾斜。

进一步地,本节同样研究了对口合作政策对东部地区农业发展的影响,回归结果如表7-39所示。同样地,模型5和模型6是未加入控制变量的回归方程结果,被解释变量分别为地区农副食品加工业的产值和固定资产投资;模型7和模型8是加入控制变量的回归方程结果,被解释变量与模型1、模型2相同。观察回归结果可以发现,对口合作政策的实施对东部地区农副食品加工产业的产值规模起到了一定程度的抑制作用,对该产业的固定资产投资水平的影响作用不明显。这说明,东北地区大量农副产品进入东部地区,确实对东部地区的本土企业带来了一定的抑制作用,这也在一定程度上将两个地区的市场统一起来,充分发挥地区的比较优势、细化社会分工,促进了东部地区的产业结构升级。

表 7-39　　　　　　对口合作对东部地区农业发展影响

解释变量	lny	lninv	lny	lninv
	模型 5	模型 6	模型 7	模型 8
du*T	-0.0015* (0.0738)	0.2893 (0.1738)	-0.0020** (0.0172)	0.3355 (0.5325)
fin			0.1820** (0.0122)	0.1833** (0.0314)
lab			0.1835*** (0.0000)	0.2010*** (0.0004)
inf			0.0139*** (0.0000)	0.1959* (0.0562)
gov			0.1830* (0.0625)	0.1013** (0.0193)
常数项	8.6539*** (0.0001)	9.3429*** (0.0000)	12.2935*** (0.0000)	3.3794*** (0.0000)
修正后 R^2	0.1253	0.1820	0.5393	0.5572
F 值	8.4930***	10.3292***	112.3292***	189.7339***

2. PSM-DID 稳健性检验

对模型的稳健性进行检验，检验结果如表 7-40、表 7-41 所示，由稳健性检验结果可以看出，对口合作机制的实施确实能够促进东北地区农副食品加工业产值规模的增加，也能够促进该产业固定资产投资水平的提高，但对东部地区农副食品加工产业的产值规模起到了一定程度的抑制作用，且对该产业的固定资产投资水平的影响作用不明显。这进一步支撑了前面的实证结果。

表 7-40　　　　　东北地区 PSM-DID 稳健性检验

	lny lnpergdp			lninv lnpergdp		
	T=0 时处理组与控制组差分	T=1 时处理组与控制组差分	双重差分结果	T=0 时处理组与控制组差分	T=1 时处理组与控制组差分	双重差分结果
差分值	0.3643	0.2743	0.0940	0.4450	0.1830	0.2569
标准误	0.0963	0.0626	0.0222	0.0760	0.0202	0.0538
p 值	0.0000 ***	0.0000 ***	0.0000 ***	0.0000 ***	0.0000 ***	0.0000 ***

表 7-41　　　　　东部地区 PSM-DID 稳健性检验

	lny lnpergdp			lninv lnpergdp		
	T=0 时处理组与控制组差分	T=1 时处理组与控制组差分	双重差分结果	T=0 时处理组与控制组差分	T=1 时处理组与控制组差分	双重差分结果
差分值	0.3725	0.3912	-0.0219	0.4452	0.3691	0.0761
标准误	0.0882	0.0627	0.0018	0.1035	0.2261	0.2174
p 值	0.0000 ***	0.0000 ***	0.0000 ***	0.0000 ***	0.1021	0.7285

3. 东部地区与东北地区比较分析

通过前面的实证结果可以发现，对口合作政策的实施对东北地区农副食品加工业起到了明显的促进作用，但并未对东部地区农副食品加工业带来明显的改善效果。

这并不意味着东部地区与东北地区在农副食品加工业领域的合作受到了损失，大量优质、实惠的农副食品进入东部地区，能够明显改善东部地区农副食品销售市场，使得东部地区的居民能够以优惠的价格购买到高质量的农副食品，而东部地区也能够抓住机会，转移农村剩余劳动力,进一步加快产业结构高级化进程。

具体来看,对口合作工作中"龙粮入粤""供浙猪"等重大农产品跨区域供销项目稳步推进,在促进东北地区农产品销售的同时进一步保障了东部地区的粮食安全;北京二商集团、六必居有限公司等食品加工企业与沈阳农业生产企业签订了合作协议,以促进农产品深加工项目,提升农产品的附加值。

二、对口合作对双方制造业的影响——来自汽车制造业的证据

(一)模型构建与变量选取

1. 模型构建

东北地区一直是制造业产业发展水平较高的地区,也是该地区的支柱产业,但近几年由于产业结构转型较慢,暴露出产能过剩、生产效率低下、产品竞争力不足等问题,而东部地区制造业的发展却有着明显的技术优势,东部地区产业结构水平较高,人才、技术以及资金丰富,且产品销售市场广大。因此,东北地区与东部地区在制造业方面的合作能够很好地完成优势互补,充分带动东北地区制造业的转型升级,但具体的合作效果需要进一步进行实证检验。

为评估东北地区与东部地区在制造业方面的对口合作效果,建立以下 DID 模型:

$$Y_{it} = \beta_0 + \beta_1 du_{it} \cdot T_{it} + \beta_2 X_{it} + \varepsilon_{it} \quad (7.35)$$

2. 变量选取

(1)被解释变量。

汽车制造业产值(y):汽车制造业是明显的区域聚集型产业,也是东北地区、东部地区的重要支柱产业之一,东北地区与东部地区在汽车制造业方面进行深入合作,可以有效拉动地区经济的发展和产业结构的调整。因此,选取汽车制造业规模以上企业主营业务收入作为被解释

变量之一。

汽车制造业 R&D 投资（R&D）：东北地区与东部地区在汽车制造业方面的合作成效更多应当体现在产业的创新发展，随着智能汽车、新能源汽车的不断发展，汽车制造业的研发创新显得愈发重要。因此，选取汽车制造业规模以上企业 R&D 投资作为另外一个被解释变量。

（2）控制变量。

本书选取金融发展水平（fin）、教育程度（edu）、基础设施建设（inf）、外商直接投资（fdi）作为控制变量。

样本选择与数据来源与前面相同。各变量的统计性描述如表 7 - 42 所示。

表 7 - 42　　　　　　　　主要变量描述性统计

变量名称	平均值	中位数	最大值	最小值	标准差
y	2901.4721	1922.2450	22312.7522	165.7659	687.6667
R&D	299.5576	382.1645	1260.5934	79.9897	575.3797
fin	2.3624	2.8423	4.8869	1.6054	7.5860
edu	0.0185	0.0223	0.0279	0.0084	3.4000
inf	0.6404	0.5751	1.3566	0.0218	1.5241
fdi	0.0279	0.0237	0.0328	0.0110	56.4240

（二）实证结果及东北地区与东部地区比较分析

1. 对口合作对东北地区、东部地区汽车制造业发展的影响

本书用 DID 方法评估了对口合作政策对东北地区汽车制造业发展的影响，回归结果如表 7 - 43 所示。其中，模型 1 和模型 2 是未加入控制变量的回归方程结果，被解释变量分别为地区汽车制造业产值和汽车制造业 R&D 投资；模型 3 和模型 4 是加入控制变量的回归方程结果，被解释变量与模型 1、模型 2 相同。

表 7-43　　　　　对口合作对东北地区制造业发展影响

解释变量	lny	lnR&D	lny	lnR&D
	模型 1	模型 2	模型 3	模型 4
du * T	0.1044 *** (0.0002)	0.2124 *** (0.0001)	0.0925 ** (0.0312)	0.2293 * (0.0562)
fin			0.1064 ** (0.0124)	0.1153 * (0.0821)
edu			0.1239 *** (0.0000)	0.3024 *** (0.0001)
inf			0.0922 ** (0.0237)	0.1722 * (0.0732)
fdi			0.0193 ** (0.0321)	0.3256 ** (0.0113)
常数项	2.7339 *** (0.0001)	3.4828 *** (0.0000)	2.3769 *** (0.0000)	1.3227 *** (0.0000)
修正后 R^2	0.1893	0.3782	0.5633	0.6642
F 值	18.3235 ***	25.3852 ***	78.3274 ***	134.7524 **

观察回归结果可以发现，对口合作机制的实施确实能够促进东北地区汽车制造业产值规模的增加，也能够促进该产业 R&D 投资水平的提高。这说明对口合作政策实施以后，有效扩大了东北地区汽车制造业的产品销售市场，与此同时，两地区之间的合作也通过技术交流、研发合作等方式提高了东北地区汽车制造业的研发投入水平。模型中控制变量的符号也基本符合预期。金融发展水平的系数符号显著为正，表明地区金融发展水平的提高能够显著促进地区汽车制造业的发展，为其新产品研发、新园区建设提供必要的资金支持；地区教育水平的提高也能够促进汽车制造业的发展，尤其是对

于汽车产业的 R&D 投资而言，促进效果更加显著；基础设施建设水平的提高能够显著促进东北地区汽车制造业产值规模的增加以及研发投入的增加；外商直接投资水平的提高对于东北地区汽车制造业产业的发展尤为重要。

进一步地，本节同样研究了对口合作政策对东部地区汽车制造业发展的影响，回归结果如表 7-44 所示。同样地，模型 5 和模型 6 是未加入控制变量的回归方程结果，被解释变量分别为地区农副食品加工业的产值和固定资产投资；模型 7 和模型 8 是加入控制变量的回归方程结果，被解释变量与模型 1、模型 2 相同。

表 7-44　　　　　对口合作对东部地区制造业发展影响

解释变量	lny	lnR&D	lny	lnR&D
	模型 5	模型 6	模型 7	模型 8
du * T	0.2863 ** (0.0291)	0.0862 (0.4632)	0.1936 *** (0.0003)	0.1053 (0.4246)
fin			0.2727 ** (0.0217)	0.1035 ** (0.0114)
edu			0.1237 *** (0.0000)	0.3226 *** (0.0001)
inf			0.0235 *** (0.0000)	0.0234 ** (0.0112)
fdi			0.1539 ** (0.0125)	0.0859 ** (0.0113)
常数项	3.3224 *** (0.0001)	4.3253 *** (0.0000)	6.4328 *** (0.0000)	4.2693 *** (0.0000)
修正后 R^2	0.2854	0.2762	0.5459	0.6559
F 值	18.3859 ***	16.3325 ***	169.3295 ***	136.5439 ***

观察回归结果可以发现，对口合作政策的实施对东部地区汽车制造

业的产值规模起到了一定程度的促进作用，但对东部地区汽车制造业研发水平的影响作用不明显。实证分析结果表明，东北地区与东部地区的汽车制造业进行对口合作，能够有效将两个地区的汽车需求与供给市场统一起来，充分发挥地区的比较优势，扩大了两个地区的市场规模。控制变量的符号基本符合预期，与东北地区类似，在此不再赘述。

2. PSM – DID 稳健性检验

本节同样采用 PSM – DID 对模型的稳健性进行检验，检验结果如表 7 – 45、表 7 – 46 所示，由稳健性检验结果可以看出，对口合作机制的实施确实能够促进东北地区汽车制造业产值规模的增加，也能够促进该产业研发水平的提高，并同样对东部地区汽车制造产业的产值规模起到了一定程度的抑制作用，但对该产业研发水平的影响作用不明显。这进一步支撑了前面的实证结果，在此不再赘述。

表 7 – 45　　　　　东北地区 PSM – DID 稳健性检验

	lny lnpergdp			lnR&D lnpergdp		
	T = 0 时处理组与控制组差分	T = 1 时处理组与控制组差分	双重差分结果	T = 0 时处理组与控制组差分	T = 1 时处理组与控制组差分	双重差分结果
差分值	0.4643	0.3182	0.1470	0.3924	0.1258	0.2043
标准误	0.1054	0.0675	0.0343	0.0764	0.0220	0.0353
p 值	0.0000 ***	0.0000 ***	0.0000 ***	0.0000 ***	0.0000 ***	0.0000 ***

表 7 – 46　　　　　东部地区 PSM – DID 稳健性检验

	lny lnpergdp			lnR&D lnpergdp		
	T = 0 时处理组与控制组差分	T = 1 时处理组与控制组差分	双重差分结果	T = 0 时处理组与控制组差分	T = 1 时处理组与控制组差分	双重差分结果
差分值	0.3874	0.1848	0.2047	0.4758	0.3086	0.1758

续表

	lny lnpergdp			lnR&D lnpergdp		
	T=0时处理组与控制组差分	T=1时处理组与控制组差分	双重差分结果	T=0时处理组与控制组差分	T=1时处理组与控制组差分	双重差分结果
标准误	0.1083	0.0338	0.0032	0.1139	0.0428	0.1863
p值	0.0000 ***	0.0000 ***	0.0000 ***	0.0000 ***	0.0000 ***	0.7165

3. 东部地区与东北地区比较分析

通过前面的实证结果可以发现，对口合作政策的实施对东北地区和东部地区汽车制造业的产值规模起到了明显的促进作用，并且大大提高了东部地区汽车制造业的研发投入水平，有利于加快汽车制造业的转型升级，提高汽车产品的国际竞争力；但对于东部地区汽车制造业的研发水平并未起到明显的促进作用，这可能是因为对口合作更多带动了东北的创新，如东部地区对东北地区智能汽车的投资、研发部门的设立、人才交流以及倒逼东北改革等。

三、对口合作对双方现代服务业的影响——来自信息技术服务业的证据

（一）模型构建与变量选取

1. 模型构建

现代服务业发展水平的高低是地区产业水平结构高级化水平的重要表现，东部地区现代服务业发展水平处于全国领先水平，尤其是以高新技术为代表的信息技术服务业。而东北地区市场化程度较低、营商环境较差，以信息技术服务业为主的现代服务业发展水平一直处于全国中下游。因此，东北地区与东部地区在现代服务业方面的合作能够充分带动

东北地区现代服务业的转型升级，但具体的合作效果需要进一步进行实证检验。

为评估东北地区以及东部地区在现代服务业方面的对口合作效果，建立以下 DID 模型：

$$Y_{it} = \beta_0 + \beta_1 du_{it} \cdot T_{it} + \beta_2 X_{it} + \varepsilon_{it} \qquad (7.36)$$

2. 变量选取

（1）被解释变量。

信息技术服务业产值（y）：对于地区经济创新发展、经济结构转型升级而言，大力发展信息技术服务业有着重要意义，以信息技术服务业为代表的现代服务业具有产品附加值高、资源能耗低等优势。因此，选取地区信息技术服务收入作为被解释变量之一。

信息技术服务业 R&D 投资（R&D）：研发投入是信息技术服务业最为重要的资源投入之一，信息技术服务业通常处于知识和技术的前沿，为周边企业提供技术支持与知识共享。因此，选取信息技术业规模以上企业 R&D 投资作为另外一个被解释变量。

（2）控制变量。

本书控制变量同样选取金融发展水平（fin）、地区教育水平（edu）、基础设施建设水平（inf）和外商直接投资水平（fdi），计算方法与前面相同。

样本选择与数据来源与前面相同。各变量的统计性描述如表 7 - 47 所示。

表 7 - 47 主要变量描述性统计

变量名称	平均值	中位数	最大值	最小值	标准差
y	1783.443	2123.115	4943.3122	96.3021	343.3253
R&D	462.9379	533.3994	1280.9292	57.5238	191.3769
fin	2.3624	2.8423	4.8869	1.6054	7.5860
edu	0.0185	0.0223	0.0279	0.0084	3.4000

续表

变量名称	平均值	中位数	最大值	最小值	标准差
inf	0.6404	0.5751	1.3566	0.0218	1.5241
fdi	0.0279	0.0237	0.0328	0.0110	56.4240

(二) 实证结果及东北地区与东部地区比较分析

1. 对口合作对东北地区与东部地区信息技术服务业发展的影响

本节用 DID 方法评估了对口合作政策对东北地区信息技术服务业发展的影响，回归结果如表 7-48 所示。其中，模型 1 和模型 2 是未加入控制变量的回归方程结果，被解释变量分别为地区信息技术服务业产值和信息技术服务业 R&D 投资；模型 3 和模型 4 是加入控制变量的回归方程结果，被解释变量与模型 1、模型 2 相同。

表 7-48　　对口合作对东北地区信息技术服务业发展影响

解释变量	lny	lnR&D	lny	lnR&D
	模型 1	模型 2	模型 3	模型 4
du * T	-0.0238 *** (0.0002)	0.1158 *** (0.0001)	-0.0122 ** (0.0112)	0.1048 ** (0.0322)
fin			0.1259 * (0.0524)	0.1023 * (0.0711)
edu			0.3232 *** (0.0000)	0.1089 *** (0.0001)
inf			0.0104 ** (0.0327)	0.0732 * (0.0702)
fdi			0.2161 ** (0.0422)	0.3153 ** (0.0113)
常数项	3.3728 *** (0.0001)	2.2443 *** (0.0000)	4.6572 *** (0.0000)	2.2129 ** (0.0000)

续表

解释变量	lny	lnR&D	lny	lnR&D
	模型1	模型2	模型3	模型4
修正后 R²	0.1027	0.3025	0.543	0.6223
F值	14.3672***	18.3284***	123.4222***	144.4350**

观察回归结果可以发现,对口合作政策的实施不仅没有促进东北地区信息技术服务业的发展,反而对该产业的产值规模起到了一定程度的抑制作用,但是对该产业的研发投入水平有着明显的促进作用。这可能是因为东部地区企业利用对口合作的契机在东北地区开设了新的分支机构,提升了市场容量,同时在一定程度上挤占了东北本地企业发展空间。而这种发展模式虽然短期内对东北地区信息技术服务业的产值规模有着抑制作用,但是这种科研企业能够通过知识溢出等形式带动周边企业的发展,从而对东北地区信息技术服务业的研发投入起到促进作用。

控制变量的系数符号基本符合预期,金融发展水平的提高可以显著促进信息技术服务业的发展和研发投入,地区教育水平的提升能够给信息技术服务业带来充足的人才储备以保障其科研创新能力,基础设施水平的提升也能够对信息技术服务业的发展起到促进作用,外商直接投资可以通过技术交流、产品转化以及创新溢出等途径带动本土信息技术服务业的发展。

进一步地,本节同样研究了对口合作政策对东部地区信息技术产业发展的影响,回归结果如表7-49所示。

表7-49 对口合作对东部地区信息技术服务业发展影响

解释变量	lny	lnR&D	lny	lnR&D
	模型5	模型6	模型7	模型8
du*T	0.1143**	0.4353**	0.1048***	0.1153*
	(0.0101)	(0.0272)	(0.0003)	(0.0746)

续表

解释变量	lny	lnR&D	lny	lnR&D
	模型5	模型6	模型7	模型8
fin			0.4848** (0.0447)	0.6423** (0.0154)
edu			0.1349*** (0.0000)	0.3183*** (0.0001)
inf			0.0152*** (0.0000)	0.4353** (0.0102)
fdi			0.0063*** (0.0005)	0.0212** (0.0213)
常数项	5.3232*** (0.0001)	4.3432*** (0.0000)	6.7653*** (0.0000)	5.7664*** (0.0000)
修正后 R^2	0.1928	0.2664	0.4463	0.6352
F值	19.3329***	18.2432***	78.2138***	188.5439***

同样地，模型5和模型6是未加入控制变量的回归方程结果，被解释变量分别为地区农副食品加工业的产值和固定资产投资；模型7和模型8是加入控制变量的回归方程结果，被解释变量与模型1、模型2相同。

观察回归结果可以发现，对口合作政策的实施对东部地区信息技术服务业的产值规模起到了一定程度的促进作用，也对该产业的研发水平起到明显的促进作用。

如前所述，东部地区部分技术先进企业通过对口合作的契机在东北地区设立分支机构，一定程度上实现了市场规模的扩大。控制变量的符号基本符合预期，与东北地区类似，在此不再赘述。

2. PSM-DID稳健性检验

本节同样采用PSM-DID对模型的稳健性进行检验，检验结果如表7-50、表7-51所示，结果与前面得出的结论相同，保证了结果的稳健性，在此不再赘述。

表7-50　　　　　东北地区 PSM-DID 稳健性检验

	lny lnpergdp			lnR&D lnpergdp		
	T=0时处理组与控制组差分	T=1时处理组与控制组差分	双重差分结果	T=0时处理组与控制组差分	T=1时处理组与控制组差分	双重差分结果
差分值	0.2732	0.3012	-0.0393	0.3301	0.2148	0.0423
标准误	0.0495	0.0553	0.0059	0.0794	0.0238	0.0064
p值	0.0000***	0.0000***	0.0000***	0.0000***	0.0000***	0.0000***

表7-51　　　　　东部地区 PSM-DID 稳健性检验

	lny lnpergdp			lnR&D lnpergdp		
	T=0时处理组与控制组差分	T=1时处理组与控制组差分	双重差分结果	T=0时处理组与控制组差分	T=1时处理组与控制组差分	双重差分结果
差分值	0.5622	0.4446	0.1233	0.4254	0.2532	0.2032
标准误	0.0942	0.0713	0.0192	0.0833	0.0342	0.0512
p值	0.0000***	0.0000***	0.0000***	0.0000***	0.0000***	0.0000***

3. 东部地区与东北地区比较分析

通过前面的实证结果可以发现，对口合作政策的实施对东北地区信息技术服务业的产值规模有着一定程度的抑制作用，但对东北地区信息技术服务业的产值规模起到了促进作用。

在研发投入方面，对口合作政策的实施对东北地区和东部地区信息技术服务业的创新活动都有明显的促进作用，从长期来看，对口合作机制的实施和不断完善,能够有效带动双方信息技术服务业的交流与合作。东北地区与东部地区在科技研发开展的深入合作也能够有效带动双方经济实现创新发展。具体来看,在知识产权保护方面,北京与沈阳、大连与上海开展了关于知识产权行政管理的专项合作,简化了技术交易异地登记过程中的行政手续,以实际行动减轻科研管理过程中的行政事务负担。在扶持科研成果转化方面,鼓励合作地区的科研机构开展跨区域科研合作,尤其是支持利用各个区域的科研技术比较优势,协同开展一批重大攻关科研项目。

第八章

新发展格局下东北地区与东部地区对口合作发展路径研究

第一节 推进体制机制创新促进地区间对口合作

新时期下的东北地区与东部地区对口合作,需要主动对接国家重大战略,积极融入国际、国内双循环,以区域协调发展融入新发展格局,以更开放的视野开启全面振兴东北新局面。体制机制创新是东北地区在新发展格局下要通过对口合作解决的首要问题,通过培育东北地区制度创新的土壤来释放不同类型市场主体的空间与活力。

(一)加强中央管理、两地区政府间的交流,拓广合作空间

建议从中央政府层面设置对口合作管理常设机构。现在是对口合作的一个关键时期,还不具备完全由市场主导的条件,政府管理依然是政策实施的一个重要保证。

在地区的产业发展中,东北地区高新技术产业目前相对落后,两地之间的合作大多围绕资源密集型产业,东部地区无法通过与东北地区的合作提升其技术创新能力,不能够形成新的经济增长点,这也是东部地

区对对口合作工作意愿不强的主要原因。

面对东部地区已经发展良好的高技术产业集群,建议东北地区寻求有别于东部地区的科技创新项目。一方面,可以避开两地的竞争,东北地区跟随别人的步伐将永远不能实现超越;另一方面,从对口合作工作出发,两地能够形成产业互补才是合作长久保持的重要因素。

(二)增强干部交流学习,转变工作人员思想意识,改善营商环境

东北地区融入"双循环"新发展格局必须以创新精神为引领,吸收先进经验,强化顶层设计。本书认为东北地区市场观念转变不够彻底,特别是基层单位工作人员服务意识淡薄。目前在省市级政府中存在一种"少做少错"的思想,很多人用墨守成规来确保不犯错。无论是机制体制改革还是打造良好的营商环境,思想解放以及保持思想的先进性都是先决条件。为解决这一问题,建议加大和发达省份干部交流学习的广度和深度。

建立更为完善的挂职交流制度。在现有选派相关政府机关工作人员交流学习的基础上,也可以选派企业的管理和技术人员进行交流,使企业能够充分了解科技发展的前沿,学习到先进的经营理念和管理办法。东部地区派遣技术和管理人员到东北地区的企业进行交流,可以带来东部地区企业的经营管理经验。互派挂职人员需要定期汇报互派工作状况与工作感受心得,及时总结汇报在互派挂职工作中的经验与反思。

(三)制定地区间对口合作的多种融资项目规范

第一,建议根据国家相关法律法规与政策文件,对口合作地区联合出台对口合作 PPP 项目、RERITS 项目等多种新型融资项目细则,为关乎新基建与循环构建的项目注入资金活力。尤其要注意提高 PPP 项目、RERITS 准入标准,防止对口合作项目沦为"烂尾工程";建立对口合作融资项目终身负责制,领导在任制定的项目需要终身负责,避免出现因为官员更替而造成的项目运行中断现象。

第二，定期组织对对口合作融资项目的评估与验收工作，建立示范项目名单进退机制。对于优秀的项目要尽可能地公开其项目信息与方案，以供学习参考；对于验收不合格的项目要及时退出示范项目名单，并追究有关人员责任。

第三，积极探索对口合作项目在新领域的应用，尤其是乡村振兴、制造业转型、现代服务业、数字经济、绿色产业等朝阳行业的发展。优化地方通融资平台、PPP项目、ABS项目公司组织架构设计，在保证项目质量与政府把控的前提下，给予民间资本方更多的自主权，更大限度地发挥民间资本活力。

（四）提升东北地区国企混改质量

根据党的十八届三中全会通过的《中共中央关于全面深化改革若干重大问题的决定》，国企改革的核心就是产权改革，要大力发展混合所有制企业。东北地区的国企多，因此东北地区体制改革的成败很大程度上取决于混合所有制改革的成败。

国企混改首先要在思想上打破桎梏。东北地区多年的计划经济制度深入人心，至今依然有很多政府领导和企业高层对企业混改持有偏见。国企员工面对"铁饭碗"即将被打破的局面，更是对企业改革心存恐惧。因此，东北地区在推进改革的同时应该上下一心，统一认识。从思想层面上首先对企业混改抱有积极的态度是改革成功的一个前提。

一方面，东北地区的国企改革已经进入了攻坚阶段，要加大企业混改力度，推进国企混改进程。借助对口合作的契机，引入东部地区优质非国有资本参与东北地区国有企业改革。鼓励所有参与混改的非国有投资主体以多种方式参与东北地区国有企业改制，民间资本可以通过出资入股、收购股权等方式参与国企重组或国有控股上市公司增资扩股，建议企业管理实行同股同权的管理制度。另外也应鼓励东部地区国有资本来东北地区投资，以多种方式入股非国有企业，成为扶持东北地区民营企业发展的新动力。

另一方面，在推进国有企业混合所有制改革的同时，要建立更为透明的监督机制，引入外部监督，防止优质国有资产流失。建议东北地区在国企混改的过程中，学习借鉴江苏省于2015年出台的《关于全面深化国有企业和国有资产管理体制改革的意见》，国企改革应从公平的角度出发，在引入民间资本参与的同时，鼓励国企员工持股，同时引入外部监督机构，防止国企改革将普通民众与国企职工排除在外，沦为富人与政府之间的博弈游戏。

第二节 加快地区间对口合作产业转型升级

（一）鼓励引导地区间企业在国内跨区域经营

对口合作的目的是形成区域间合理有效的国内循环格局，这一循环格局的市场主体必然是企业。因此，要鼓励企业在区域间"引进来"与"走出去"，为形成坚实的国内循环基础与开拓国际循环提供条件。对于"走出去"，一是东北地区应围绕装备制造、电子信息、轻工业等优势产业，向东部地区乃至全国地区推介自己的产品和技术，使东北地区的产品有更大的市场。二是组织东北高新技术开发区和东部高新技术园区重点企业开展互动交流，积极宣传东北地区的新技术产业，加强两地的合作。三是东北地区积极参加东部地区的国际合作洽谈会和海峡两岸（江苏）名优农产品展销会等国内外商业平台。

对于"请进来"，一是吸引东部地区知名企业参加"中国制博会""中国软交会""中国沈阳国际农业博览会""特色产品采购订货会"等东北地区重点品牌展会。二是多举办交流活动吸引东部企业走进东北工业园区的活动。

（二）为地区间非公经济单位的融资提供政策扶持

正如前面分析，阻碍东北企业发展的主要问题，更多体现在非公有制单位中，非公有制经济面临的最大挑战仍然是资金问题。为非公经济

单位的融资提供政策扶持,就当前状况来观察,要有效处理非公经济单位融资难题,需要采取以下几项措施:

一是政府对国家给予特殊项目的补助资金要足额、及时发放,避免中间操作环节导致资金分配不公和不及时的情况。民营资本规模小,抗压能力差,若在发展中将国家补贴作为发展金预算,那么在实际操作中出现不足额或缓发放的情况就足以导致一些企业无法继续生存。

二是对民营企业贷款降低门槛。建议金融机构创建服务于中小企业融资的专项部门,专门为中小型民营企业融资服务,进一步下降小规模贷款的下限,根据企业需要设定合适的底线。

三是创建非公经济单位的贷款担保基金。能够由地方行政机构搭台创建永久性部门,也能够由非公经济单位合作创建担保共同体,采取股份制。在担保基金的基础上,传统金融机构就能够有效管控风险,而非公经济单位就可以更加方便地得到所需资金支持。此处的重点是基金自身需要依照市场经济机制来进行资本运作,并且进行严密的风险管控,如针对担保项目实施可操作性研究,根据担保比重和规模提取一定手续费。

(三)解决新型农业经营发展中存在的问题

东北地区与东部地区在自然环境、农业资源禀赋、农业产业结构和区域农业经济基础等方面仍存在显著差异,完善国内大循环,需要促进东北地区与东部地区农业的协调发展,保障乡村振兴工作与国家粮食安全工作的双重稳步推进。

首先,对口合作各方应正确把握新型农业经营主体的内涵,合理整合细碎化土地资源。科学把握新型农业经营主体的内涵,对于农业现代化建设和新型农业经营主体的建设至关重要。新型农业经营主体通过整合细碎化的土地、提高土地利用率和农户耕种效率,提高了农业生产效率和农户收益。因此,要鼓励通过经营权的开发流转进一步整合土地资源,完善由分散经营到集约化经营的农业生产方式转变。建议建立对口合作地区农村土地经营权流转机制,鼓励跨区域土地经营权流转,引入效率更高的农业经营主体。

其次,发挥政府在经营权流转中的保障作用,通过农村产业多元合作推进乡村振兴战略。农民的权利以土地为核心,在"三权分置"的条件下,要继续稳定农户的承包权,发挥承包权作为农户生活保障的防线作用。为了提高农户参与土地流转的积极性,政府积极发挥其公共职能,尤其是要做好农户参与经营权流转后的保障性工作。一方面,东北地区借鉴东部地区先进社会保障机制,积极推进农村医疗保险改革试点,深化农村社会保障体制改革,加强农村社会保险与医疗保险建设,尽可能地减轻农民的意外风险负担。另一方面,切实贯彻土地承包权到期后再延长三十年的要求,鼓励农户二轮乃至多轮承包土地,真正实现农户对承包权的稳定掌握。

最后,在鼓励土地流转、提升土地效率的同时,兼顾小农户的合理利益诉求,使全体农村成员能够共享土地生产效率提高的成果。

(四)加强地区间对口合作的文化旅游规划和管理

为了整治文化旅游产业中的诸多乱象,树立东北文化旅游品牌,增强对东部地区游客的吸引力,应该对旅游业等文化产业的发展进行合理规划,使资金、政策、技术等更有针对性地流向需要的产业部门或企业。合理科学的规划能够提高旅游产业的投资效率,加快文化产业的发展速度,优化产业的产业结构,进而促使东北地区旅游服务业实现快速发展。关于制定合理的旅游业发展规划,笔者提出以下几点建议。

第一,加强对旅游产业的特色挖掘和产业发展布局。加强东北地区已有旅游资源的对外宣传,打造适合当地的特色旅游周边产业发展,如土特产品、文化产品等的开发。

第二,加强东北地区旅游业的管理,治理乱象。收费不合理、服务质量差、虚假宣传等不良现象对东北地区旅游业发展造成了极大的阻碍。游客对于某地旅游服务管理的不满会通过网络媒体以极快的速度大范围传播,这就要求各地应致力于打造名副其实的高质量旅游服务。

第三,根据市辖区县的不同情况,分区制定文化产业发展细则。建议各地区应配合"十四五"发展规划和各地对口合作方案尽快制定符合各区区情的文化旅游产业发展规划，如建立到区一级的文化产业发展规划，突出地方特色。

（五）利用两地制造业基础充分与"互联网＋"相结合

一是紧抓"互联网＋"时代风口，充分利用东部地区互联网优势，实现互联网技术推动东北地区经济的发展；二是发展新兴产业，建立和培育新兴产业基地。三是借助新兴科技成果与制造业的深度融合。

第三节 推动科技创新创业促进两地间合作

（一）健全人才培育与保护机制

对口合作的实施方案中，科技创新是一项重要的合作项目。人才培养对于科技创新创业具有重要的推动作用，但在合作中，关于人才交流和培养规划的项目较少。建议合作地区在以下几个方面加强人才培育机制。

人才培育上，建议对口合作各方积极推进区域间的学术交流与人才联合培养。虽然东北高校及各类科研院面向全国甚至世界引入了很多科技领军人才，但是在人才竞争中，东北地区提供的经济条件显然不能与大多数发达地区相比，因此高端人才引进比较困难，且东北地区原有人才流失严重。建议东北地区提高高端人才待遇，并可以以客座教授身份引进人才，高校之间加强合作共建，鼓励高校之间的学术论坛与创新创业论坛；通过高校之间跨校选修的方式，借助网络平台增强学校之间学科的交流互动，共同培养适合市场需求的实用型人才；同时，积极发展职业教育，利用广东、江苏等省份用工需求大的特点，推进对口合作地区职业技术培训学校积极与企业进行对接，为技校学生提供更多的进厂实习机会。

人才保护方面,要建立相关机制防止东北人才进一步流失。构建东北人才流动保护机制,由于东北人才状况评分显著落后于东部地区,因此需要警惕对口合作中出现东部地区对人才的"虹吸效应"。可以在对口合作中建立相应的人才保护机制,通过保护机制尽可能把更多的高端人才留在东北。

(二) 鼓励支持民间创业创新氛围

技术创新包括方方面面,要实现完全的自主技术研发创新,不管是开发周期长,还是从资金投入大但创新结果却具有不确定性的角度来观察,都具有较高的市场风险。针对这一情况,鼓励东北地区适当直接引进东部地区已有的先进技术,或者支持一些资金充足、创新能力强的东部地区企业直接在东北设置研发中心。民企具有管理体制更灵活的优势,更容易引进新技术,政府应着力搭建两区域间的民企和科研机构的合作平台。两地实现优势互补,共同促进。

另外,大力发挥行政引导、法规、舆论等力量,维护多种类型的创业工作者的权益,强化对行政权力的管理,深入完善和规范多项行政收费,大力处理重复审批、过分干预等问题,不断下放权力。组织多种对口合作地区创业创新专题活动,加大力度提倡和宣扬东部地区特别是东南沿海地区的创业精神,为创业组织提供行政扶持,推广创业成功经验,建立浓厚的创业气氛。

(三) 提高两地校企合作积极性,提高科技成果转化率

首先,从高校对科研工作的激励机制上进行革新。目前,高校中教师职称的晋升、评选优秀等多以论文数量和等级、各级各类项目数作为评聘标准,这就导致科研成果的转化率被轻视,从而间接导致科研成果转化率低。因此,建议各级政府从高校和科研院所的内部激励机制入手,加强对科研成果转化的奖励机制,促进科研成果转化。

其次,纵观世界发达国家实现成果转化所需的经济环境不难发现,越是经济发达的地区,成果转化率越高。经济环境对成果转化的影响是

一个复杂的问题，不是说"GDP"越高成果转化率就越高，一个良好的适合科技发展并转化的环境应该是政府和企业对科技创新和成果转化提供合适的环境支持。东北地区在科研条件方面有自己的独特优势，应在此基础上转换原有的落后思路和管理，政府应在原有基础上建立科研机构与企业间的沟通平台假设，加强信息交流渠道，形成校企间畅通的联系通道，促进地区的科研成果转化。

最后，要制定有利于创业创新发展的法律法规及规章制度。目前我国大学和企业之间的协同创新常常会因为一些信息不对称因素而断裂，比如大学研究机构会因为对企业的不信任或双方交流没到位而放弃进行到一半的科研，企业也可能会因为科研机构成果不符合预期而临时爽约。

（四）提高两地自主研发能力，加强引进技术的消化吸收

伴随劳动力、资源价格的不断提高和外需市场的不景气，东北地区已渐渐失去了以资源密集和政策倾斜所带来的产业优势，国内大循环也对要素流动质量和使用效率提出更高的要求。目前，东北地区面临的最严重的经济发展问题之一就是新的经济增长点不能够产业化、集群化。在这种情况下，促进科技研发及成果转化，实现在新领域重新占领高地，才是东北地区的发展之道。而唯一的方法就是提高企业创新能力，提升出口产品的附加值，进而才能实现长远发展。

公司可以依托自身的技术研发，实现技术的升级换代，提升技术创新的应用能力。公司能够通过生产技术和管理上的经验积累，逐步确立公司的核心竞争力。然而就东北企业来说，这一创新形式并不多见，大部分都是模仿创新。这就需要相关运营单位重视技术的引入，且同样需要强化技术的引入吸收和再创新。利用模仿先进的创新模式引入购买发达的技术，主动破解技术，在这一前提下不断消化吸收，将其转化为自身的技术实力，不断提升本单位的技术创新能力。

第四节 加强两地间的合作平台建设

(一) 加强农村地区合作平台的建设

当前东北地区城乡收入差距较大和城乡要素市场的分割阻碍了国内大循环畅通的实现,需要搭建与东部地区的平台合作关系,进一步释放农民的消费需求,防止农村成为国内大循环的"死水区",推动绿色农业发展,形成国内循环的新动能。

对口合作平台建设中,产业、城市间平台建设状况较好,而农村对口合作平台建设则显示出不足。建议设置专项农村对口合作平台,借鉴东部农村地区产业发展经验,在东北地区因地制宜,建设一批具有示范作用的特色小镇,促进东北地区乡村振兴战略的发展。

与此同时,建立民间合作平台鼓励支持机制。研究发现民间平台尤其是东南地区的地方商会对区域交流合作具有重要作用,但是由于民间商会精力与资金有限,其往往参与对口合作的全过程。建议建立民间合作平台鼓励支持机制,以政府购买服务、招商奖励等方式为民间平台提供实质支持,进一步发挥民间平台的沟通中介作用。

(二) 搭建平台载体,促进两地进一步交流

对口合作中两地间交流活动丰富,合组项目设计多个领域,但不可否认的是目前两地间的合作并未能准确地找到两地间的结合点,合作仍缺乏有影响力的代表性大项目。鉴于此,建议两地进一步加强交流,由政府出面搭建两地合作的平台载体。将东部地区的装备制造、轻工业等优势行业推向东北地区,乃至世界。另外,更多地将东部企业和高端人才引进东北地区。对于已经建成的合作产业园区,不断完善其功能,使其切实发挥作用。

(三) 两区域间协同合作，共同促进环境保护与可持续发展

突出区域联合体在"碳中和"中的规制与联动作用，牢固坚持绿色发展新理念，共建共治共享生态环境。

首先，改革环境政策，使环境政策与经济发展相协调。过去的政策，无论是保护环境还是污染治理，大多更为注重总体性的、全局性的调控；今后应更注重出台政策，关注环境污染对于居民具体经济行为的影响，使得环境治理所带来的福利惠及人民生活。其次，改善地区经济发展与生态环境的关系，加大环境保护的投入力度。东北地区与东部地区天然的资源环境和发展历史决定了两地生态环境状况差异明显，因此在环境的恢复和生态文明建设中要解决的主要问题也存在差别。环境保护政策为经济发展保驾护航，更重要的是要为人民生活和后续发展服务。东北地区不能在经济发展的压力下不顾环境保护，对于资源的开采应严格加以管控。最后，严重的人口老龄化问题和人口外流问题是当前东北地区面临的严峻的人口现状。人口老龄化直接导致东北地区养老金缺口，适龄劳动力减少。这一问题目前也是东北等欠发达地区与东部发达地区之间的博弈。究其原因，还是经济发展与人口之间的恶性循环。很多学者都在人口老龄化问题上提出过很多的解决办法，东北地区宜选择适合本地社会经济现实的办法，使得人口政策能够更加适应经济社会的发展现状，更好地起到促进经济社会发展的作用。

参考文献

[1] 阿尔达克·那斯尔：《对口援疆政策研究——以吉林、黑龙江对口支援阿勒泰地区为例》，南京大学2014年学位论文。

[2] 鲍振东，等：《中国东北地区发展报告》，社会科学文献出版社2013年版。

[3] 本刊编辑部、刘秉镰、李国平，等：《构建新发展格局：共谋区域协调发展新思路——新发展格局下我国区域协调发展展望暨京津冀协同发展战略七周年高端论坛专家发言摘编》，载《经济与管理》2021年第3期。

[4] 陈彦斌：《形成双循环新发展格局关键在于提升居民消费与有效投资》，载《经济评论》2020年第6期。

[5] 陈玉萍、吴海涛、陶大云，等：《基于倾向得分匹配法分析农业技术采用对农户收入的影响——以滇西南农户改良陆稻技术采用为例》，载《中国农业科学》2010年第17期。

[6] 陈云松、范晓光：《社会学定量分析中的内生性问题评估社会互动的因果效应研究综述》，载《社会》2010年第4期。

[7] 单菲菲、张雅茹：《边疆民族地区对口支援政策的结构特征与历史演进——基于1979~2019年的政策文本量化分析》，载《中南民族大学学报（人文社会科学版）》2021年第4期。

[8] 邓德军、肖文娟：《基于倾向分数配对方法探讨企业社会责任行为与改善财务绩效》，载《软科学》2012年第2期。

[9] 丁晓强、张少军、李善同：《中国经济双循环的内外导向选择——贸易比较偏好视角》，载《经济管理》2021年第2期。

[10] 丁忠毅：《对口支援边疆民族地区政策属性界定：反思与新探》，载《湖北民族大学学报（哲学社会科学版）》2021年第1期。

[11] 丁忠毅：《国家治理视域下省际对口支援边疆政策的运行机制研究》，载《思想战线》2018年第4期。

[12] 董志勇、李成明：《国内国际双循环新发展格局：历史溯源、逻辑阐释与政策导向》，载《中共中央党校（国家行政学院）学报》2020年第5期。

[13] 范虎城：《新发展格局下商贸流通业效率对区域经济发展的影响》，载《商业经济研究》2021年第9期。

[14] 樊纲、王小鲁、马光荣：《中国市场化进程对经济增长的贡献》，载《经济研究》2011年第9期。

[15] 冯革群、陈芳世：《欧盟最近的区域经济发展差异与区域政策》，载《世界地理研究》2008年第3期。

[16] 《改革》服务中央决策系列选题研究小组：《新一轮东北振兴的体制机制、区域合作与资源型城市转型》，载《改革》2016年第9期。

[17] 付云鹏、马树才：《东北亚区域经济合作对中国产业结构的影响研究》，载《科技通报》2017年第9期。

[18] 傅颖：《"双循环"格局下的城乡要素流通市场机制构建》，载《商业经济研究》2021年第6期。

[19] 干春晖、郑若谷、余典范：《中国产业结构变迁对经济增长和波动的影响》，载《经济研究》2011年第5期。

[20] 高彦彦、王逸飞：《熔断制度可以降低中国股市波动吗？——基于断点回归设计的实证分析》，载《华东经济管理》2017年第6期。

[21] 葛扬、尹紫翔：《我国构建"双循环"新发展格局的理论分析》，载《社会科学文摘》2021年第4期。

[22] 郭力：《东北振兴过程中的对外开放：中俄合作》，载《东北亚论坛》2007年第5期。

［23］郭连强、谭红梅，等：《中国东北地区发展报告》，社会科学文献出版社 2018 年版。

［24］郭腾云、陆大道、甘国辉：《近 20 年来我国区域发展政策及其效果的对比研究》，载《地理研究》2002 年第 4 期。

［25］海伦·米尔纳：《利益、制度与信息：国内政治与国际关系》，上海人民出版社 2010 年版。

［26］洪银兴、杨玉珍：《构建新发展格局的路径研究》，载《经济学家》2021 年第 3 期。

［27］侯景新、于子冉：《对口合作的形成机制与实践启示》，载《区域经济评论》2021 年第 2 期。

［28］胡宏伟、张小燕、赵英丽：《社会医疗保险对老年人卫生服务利用的影响——基于倾向得分匹配的反事实估计》，载《中国人口科学》2012 年第 2 期。

［29］黄静波、刘淑琳：《出口企业员工收入增长更快？——基于倾向得分匹配的实证分析》，载《财贸研究》2013 年第 6 期。

［30］黄守宏：《加快构建新发展格局 推动"十四五"时期高质量发展》，载《行政管理改革》2021 年第 5 期。

［31］贾康：《"内循环为主体的双循环"之学理逻辑研究》，载《河北经贸大学学报》2021 年第 2 期。

［32］金凤君、陈明星：《"东北振兴"以来东北地区区域政策评价研究》，载《地理研究》2010 年第 8 期。

［33］金浩、张贵、李媛媛：《中国区域经济发展的新格局与创新驱动的新趋势——2014 中国区域经济发展与创新研讨会综述》，载《经济研究》2014 年第 12 期。

［34］靳薇：《西藏援助与发展》，西藏人民出版社 2010 年版。

［35］兰英：《对口支援：中国特色的地方政府间合作模式研究》，西北大学 2011 年学位论文。

［36］李兰冰、刘秉镰：《"十四五"时期中国区域经济发展的重大问题展望》，载《管理世界》2020 年第 5 期。

［37］李楠、乔榛：《国有企业改制政策效果的实证分析——基于双重差分模型的估计》，载《数量经济技术经济研究》2010年第2期。

［38］李庆滑：《我国省际对口支援的实践、理论与制度完善》，载《中共党校学报》2010年第5期。

［39］李瑞昌：《地方政府间"对口关系"的保障机制》，载《学海》2017年第4期。

［40］李瑞昌：《界定"中国特点的对口支援"一种政治性馈赠解释》，载《经济社会体制比较》2015年第4期。

［41］李胜兰：《深哈合作机制研究》，载《中国经济特区研究》2017年第1期。

［42］李燕凌、李立清：《新型农村合作医疗卫生资源利用绩效研究——基于倾向得分匹配法（PSM）的实证分析》，载《农业经济问题》2009年第10期。

［43］李中建、王泉源：《双循环发展格局的疏通路径》，载《统计理论与实践》2020年第5期。

［44］林木西：《探索东北特色的老工业基地全面振兴道路》，载《辽宁大学学报（哲学社会科学版）》2012年第5期。

［45］刘慧、樊杰、王传胜：《欧盟空间规划研究进展及启示》，载《地理研究》2008年第6期。

［46］刘佳鑫、李莎：《"双循环"背景下数字金融发展与区域创新水平提升》，载《经济问题》2021年第6期。

［47］刘金山、徐明：《对口支援政策有效吗？——来自19省市对口援疆自然实验的证据》，载《世界经济文汇》2017年第4期。

［48］刘铁：《从对口支援到对口合作的演变论地方政府的行为逻辑——基于汶川地震灾后恢复重建对口支援的考察》，载《农村经济》2010年第4期。

［49］刘铁：《论对口支援长效机制的建立——以汶川地震灾后重建对口支援模式演变为视角》，载《西南民族大学学报（人文社会科学版）》2010年第6期。

［50］刘玉、刘毅：《区域政策的矛盾内涵解析》，载《中国软科学》2002年第8期。

［51］陆大道、刘卫东：《论我国区域发展与区域政策的地学基础》，载《地理科学》2006年第6期。

［52］陆大道、刘毅、樊杰：《我国区域政策实施效果与区域发展的基本态势》，载《地理学报》1999年第6期。

［53］陆江源：《从价值创造角度理解"双循环"新发展格局》，载《当代经济管理》2020年第12期。

［54］吕朝辉：《边疆治理视野下的精准对口支援研究》，载《云南民族大学学报（哲学社会科学版）》2016年第3期。

［55］罗浩：《广东省区域经济差距变动的实证研究》，载《中国人口·资源与环境》2003年第6期。

［56］罗胜：《断点回归设计：基本逻辑、方法、应用评述》，载《统计与决策》2016年第11期。

［57］李振国、温珂、郭雯，等：《科研机构在东北地区科技成果转化的现状、挑战和建议——以中国科学院为例》，载《中国科学院院刊》2019年第8期。

［58］马文颖：《对口支援：我国特色的地方政府间合作研究——以十九省市对口支援新疆为例》，陕西师范大学2015年学位论文。

［59］莫代山：《发达地区对口支援欠发达民族地区政策实施绩效及对策研究——以湖北省武汉市对口帮扶来凤县为例》，载《西南民族大学学报（人文社会科学版）》2010年第11期。

［60］庞效民：《90年代我国区域经济合作政策效果分析》，载《地理研究》1999年第3期。

［61］沈坤荣、赵倩：《以双循环新发展格局推动"十四五"时期经济高质量发展》，载《经济纵横》2020年第10期。

［62］师应来、周丽敏：《"双循环"的理论逻辑、发展进程与现实思考》，载《统计与决策》2021年第10期。

［63］石大千、丁海、卫平，等：《智慧城市建设能否降低环境污

染》，载《中国工业经济》2018年第6期。

[64] 石淑华：《区域经济发展：新理念、新战略、新格局》，载《江苏社会科学》2017年第5期。

[65] 孙德超、钟莉莉：《东北地区与东部地区合作发展"飞地经济"中"飞出地"合作意愿问题研究》，载《商业研究》2020年第9期。

[66] 孙久文、蒋治：《"十四五"时期中国区域经济发展格局展望》，载《中共中央党校（国家行政学院）学报》2021年第2期。

[67] 孙久文、宋准：《双循环背景下都市圈建设的理论与实践探索》，载《中山大学学报（社会科学版）》2021年第3期。

[68] 孙久文、苏玺鉴、闫昊生：《东北振兴政策效果评价——基于Oaxaca-Blinder回归的实证分析》，载《吉林大学学报社会科学学报》2020年第3期。

[69] 王达梅：《构建横向援助机制，推进基本公共服务均等化》，载《西北师大学报（社会科学版）》2009年第2期。

[70] 王海杰、孔晨璐：《"双循环"视角下临空经济对区域经济增长的空间溢出效应研究》，载《管理学刊》2021年第3期。

[71] 王佳宁：《新一轮东北振兴——改革传媒发行人、编辑总监王佳宁深度对话五位专家学者》，载《改革》2015年第9期。

[72] 王娟娟：《以产业链促进"双循环"新发展格局的思考》，载《当代经济管理》2021年第3期。

[73] 王磊：《对口支援政策促进受援地经济增长的效应研究——基于省际对口支援西藏的准自然实验》，载《经济经纬》2021年第4期。

[74] 王磊、黄云生：《对口支援政策的演进及运行特征研究——以对口支援西藏为例》，载《西南民族大学学报（人文社会科学版）》2018年第5期。

[75] 王磊、黄云生：《对口支援资源配置的效率评价及其影响因素分析——以对口支援西藏为例》，载《四川大学学报（哲学社会科学版）》2018年第2期。

[76] 王青伟：《探究哈深合作新模式》，载《奋斗》2017年第24期。

[77] 王胜今、吴昊：《论"五个统筹"与区域经济发展——以东北振兴为实例的分析》，载《社会科学战线》2005年第6期。

[78] 王一鸣：《中国区域经济政策研究》，中国计划出版社1998年版。

[79] 王永吉：《多分组资料倾向得分匹配法的研究》，第四军医大学2011年学位论文。

[80] 伍文中、张杨、刘晓萍：《从对口支援到横向财政转移支付：基于国家财政均衡体系的思考》，载《财经论丛》2014年第1期。

[81] 夏少琼：《对口支援：政治、道德与市场的互动——以汶川地震灾后重建为中心》，载《西南民族大学学报（人文社会科学版）》2013年第5期。

[82] 徐奇渊：《双循环新发展格局：如何理解和构建》，载《金融论坛》2020年第9期。

[83] 徐现祥、周吉梅、舒元：《中国省区三次产业资本存量估算》，载《统计研究》2007年第5期。

[84] 杨龙、李培：《府际关系视角下的对口支援系列政策》，载《理论探讨》2018年第1期。

[85] 杨明洪、张营为：《对口支援中不同利益主体的博弈行为——以对口援藏为例》，载《财经科学》2016年第5期。

[86] 杨荫凯、刘羽：《东北地区全面振兴的新特点与推进策略》，载《区域经济评论》2016年第5期。

[87] 于永利：《对口支援向对口合作的演进研究》，复旦大学2014年学位论文。

[88] 虞义华、郑新业、张莉：《经济发展水平、产业结构与碳排放强度——中国省级面板数据分析》，载《经济理论与经济管理》2011年第3期。

[89] 张晨：《职业教育"东西部扶贫协作"中的问题与实践研究——以上海对口支援喀什地区为例》，载《教育发展研究》2018年第7期。

[90] 张军：《中国省际物资资本存量估算：1952－2000》，载《经济研究》2004年第10期。

[91] 张可云：《区域政策项目评价的基本问题与分析框架》，载《地域研究与开发》2006年第2期。

[92] 张可云、肖金成、高国力，等：《双循环新发展格局与区域经济发展》，载《区域经济评论》2021年第1期。

[93] 张露、黄京华、黎波：《ER实施对企业绩效影响的实证研究——基于倾向得分匹配法》，载《清华大学学报（自然科学版）》2013年第1期。

[94] 张倩肖、李佳霖：《构建"双循环"区域发展新格局》，载《兰州大学学报（社会科学版）》2021年第1期。

[95] 张双悦：《对口援藏政策的区域增长效应分析》，首都经济贸易大学2018年学位论文。

[96] 张欣、崔日明：《西部地区嵌入"双循环"新发展格局的策略研究》，载《云南民族大学学报（哲学社会科学版）》2021年第3期。

[97] 赵明刚：《中国特色对口支援模式研究》，载《社会主义研究》2011年第2期。

[98] 郑春勇：《从对口合作到区域合作：后援建时代地方合作的应然转变》，载《理论与改革》2011年第5期。

[99] 郑春勇：《对口支援中的"礼尚往来"现象及其风险研究》，载《人文杂志》2018年第1期。

[100] 中国国际经济交流中心：《中国经济分析与展望（2015－2016）》，社会科学文献出版社2016年版。

[101] 钟开斌：《对口支援：起源、形成及其演化》，载《甘肃行政学院学报》2013年第4期。

[102] 周光辉、王宏伟：《对口支援：破解规模治理负荷的有效制度安排》，载《学术界》2020年第10期。

[103] 周黎安、陈烨：《中国农村税费改革的政策效果：基于双重差分模型的估计》，载《经济研究》2005年第8期。

［104］朱光磊、张传彬：《系统性完善与培育府际伙伴关系——关于"对口支援"制度的初步研究》，载《江苏行政学院学报》2011 年第 2 期。

［105］朱国伟：《我国县级横向府际行政关系协调研究》，湖南师范大学 2008 年学位论文。

［106］朱天舒：《国家支持与对口支援合作：我国区域平衡发展模式分析》，载《中国行政管理》2012 年第 6 期。

［107］朱宇、美薇，等：《中国东北地区发展报告（2018）》，社会科学文献出版社 2019 年版。

［108］邹环：《对口合作促进东北产业转型升级的效应分析——基于广东省与黑龙江省对口合作的实证》，载《经济研究参考》2018 年第 70 期。

［109］Ashley C, Roe D, Goodwin H. Pro-poor Tourism Strategies: Making Tourism Work for the Poor. *A Review of Experience*, 2001.

［110］Baretti C, Huber B, Lichtblau K. A Tax on Tax Revenue: The Incentive Effects of Equalizing Transfers: Evidence From Germany. *International Tax and Public Finance*, Vol. 9, No. 6, 2002, pp. 631 – 649.

［111］Baron R M, Kenny D A. The Moderator-mediator Variable Distinction in Social Psychological Research: Conceptual Strategic, and Statistical Considerations. *Journal of Personality and Social Psychology*, Vol. 51, No. 6, 1986, pp. 1173 – 1182.

［112］Calonico S, Cattaneo M D, Titiunik R. Optimal Data – Driven Regression Discontinuity Plots. *Working Paper*, University of Michigan, 2014a: 2297.

［113］Delgado M S, Florax R J. Difference-in-differences Techniques for Spatial Data: Local Autocorrelation and Spatial Interaction. *Econ. Lett*, Vol. 137, December 2015, pp. 123 – 126.

［114］Dube J, Legros D, Theriault M, et al. A Spatial Difference-in-Differences Estimator to Evaluate the Effect of Change in Public Mass Transit

Systems on House Prices. *Transportation Research Part B: Methodological*, Vol. 64, June 2014, pp. 24 – 40.

[115] Elhorst J P. Spatial Panel Data Models in: Fischer, M. M., Getis, A. (Eds.). *Handbook of Applied Spatial Analysis*, No. 3, 2010, pp. 377 – 407.

[116] Geyer H S. *Global Regionalization*. Edward Elgar Publishing Limited, 2006.

[117] Grafova I B, Freedman V A, Lurie N, et al. The Difference-in-differences Method: Assessing the Selection Bias in the Effects of Neighborhood Environment on Health. *Economics & Human Biology*, Vol. 13, No. 1, March 2014, pp. 20 – 33.

[118] Hahn J, Todd P, Wilbert V. Identification and Estimation of Treatment Effects With a Regression – Discontinuity Design. *Econometric*, Vol. 69, No. 1, 2001, pp. 201 – 209.

[119] Hirschman A O. *The Strategy of Economic Development*. Boulder: Westview Press, 1988, pp. 1 – 251.

[120] Kearney R C, Bowman A O. *The Resurgence of the States*. Columbia University Press, Englewood Cliffs, NJ: Prentice – Hall. 1986, pp. 397 – 407.

[121] Knox A D. Economic Theory and Under – Developed Regions by Gunnar Myrdal Review. *Economica*, Vol. 27, No. 107, 1960, pp. 280 – 283.

[122] McDonald M E. Foreign Aid in Africa in the New Millennium: The China and U. S. Model Fight for Relevance. *Dissertations & Theses – Gradwork*, 2013, 57 – 62.

[123] Mitrany D. *A Working Peace System*. Chicago: Quadrangle, 1996.

[124] Myrdal G. *Economic Theory and Underdeveloped Regions*. London: Duckworth, 1957.

[125] Nurkse R. *Problems of Capital Formation in Underdeveloped Countries: And Patterns of Trade and Development*. London: Oxford University Press, 1967, pp. 1 -226.

[126] Oi J C. The Role of the Local State in China's Transitional Economy. *China Quarterly*, Vol. 144, No. 144, 1995, pp. 1132 -1149.

[127] Ram R. Openness, Country Size, and Government Size: Additional Evidence from a Large Cross - Country Panel. *Journal of Public Economics*, Vol. 93, No. 12, 2009, pp. 213 -218.

[128] Richard D B, et al. *Managing Local Government*. London: Newbury Park, 1991.

[129] Rodrik D. Why Do More Open Economics Have Bigger Goverments? . *Journal of Political Economy*, No. 106, 1998, pp. 997 -1032.

[130] Rosenstein - Rodan P N. Problems of Industrialization of Eastern and South - Eastern Europe. *The Economic Journal*, Vol. 53, No. 210, 1943, pp. 202 -211.

后　　记

　　本书的研究得到了国家发改委振兴司委托课题"东北地区与东部地区对口省市开展对口合作评估研究"（编号：FGW2017011）的资助，同时也是辽宁省社会科学规划基金重点建设学科项目"辽宁振兴融入国内大循环路径研究"（编号：L21ZD046）的重要研究成果。本书的研究起始于2017年，在本书成书的过程中，得到了来自政府、高校、企业界的多位专家同仁的宝贵意见，由于篇幅有限，不能一一列出这些专家的姓名，在此一并表示感谢。由于时间仓促，本书并不能体现关于东北地区与东部地区对口合作研究的所有内容，在新时代区域协调高质量发展的背景下，本书的选题仍然是一个值得深入探讨的重要问题。

　　希望本书能够对读者有所启发，愿与诸位同仁一道，共同进一步研究东北地区高质量全面振兴的相关问题。

李伟民
2021年12月